4차 산업 그리고 창업

FOURTH INDUSTRY AND START-UP

금진호 오재균 이용재 공저

창업 지성을
깨워라!

양 성 원

Preface

대학에 진학하여 교양과 전공을 배우고 공부하며 자신들의 미래에 대해 고민할 때, 취업이나 창업에 대해 고민해 보지 않은 학생들은 거의 없을 것이다. 대학교육의 목적과 기능이 시대에 따라 변화되고 있지만, 특히 지금은 대학교육의 주된 기능 중의 하나는 사회에서 요구하는 전문적인 직업인의 양성을 목적으로 하고 있음은 배제할 수 없는 현실이다.

중국이나 미국의 대학 졸업생들은 졸업을 하면 창업을 하거나 기술연구를 하려고 꿈꾸지만, 우리나라 대학생들은 취업이나 고시를 패스하려고 하는 것이 현실이다. 세계 2대 강대국으로 떠오르고 있는 중국의 경우 취업을 하려는 학생들에 비해 창업을 하려는 학생들이 빠른 속도로 늘어가고 있으며, 중국의 창업 시스템이 우리나라와 다른 점은 대학의 선진기술을 창업으로 연결하는 형태가 일반화되어 있다는 것이다. 미국도 과학기술의 기반은 일류대학들이 만들고 있다. MIT 졸업생이 창업에 나서기 시작한 것이 약 30년 정도 됐는데, MIT 출신의 스타트업 기업이 약 4만 개가 되고, 100만 명의 일자리를 만들어 냈다. 이들의 매출액은 세계 10위 국가의 GDP와 맞먹고 있다.

우리나라도 대학이나 국가에서 제도적인 시스템을 통해 이런 풍토를 바꿔주고 창업성공의 롤모델을 만들어야 한다. 특히, 우리가 살고 있는 지금의 현재 인류는 지금까지 아무도 미리 내다보지 못할 정도의 빠른 기술혁신에 따른 '4차 산업혁명' 시대를 맞고 있다. 기존의 일하는 방식이나 소비 행태뿐 아니라 생활방식 전반에 걸친 혁명적 변화가 가속화되는 시대에 들어서 있는 것이다. 인공지능과 로봇, 빅데이터와 클라우딩, 3D 프린팅과 사물인터넷 등 거의 모든 지식정보 분야에 걸친 눈부신 속도의 발전이 4차 산업혁명을 이끌고 있다. 또한 4차 산업혁명의 큰 특징은 과거에 인류가 경험했던 어느 산업혁명에 비해 더욱 광범위한 분야에 걸쳐 눈부시게 빠른 속도로 진전될 것이라는 점이다.

우리는 얼마 전 인공지능인 알파고와 이세돌 프로기사 간의 '세기의 대결'을 통해 엄청난 속도로 진전되고 있는 4차 산업혁명의 일면을 실감했다. 거의 모든 전문가들이 인공지능이 이렇게 빨리 세계 최고 프로기사를 이기리라고는 예측하지 못했다. 우리는 4차 산업혁명이 가져올 무한한 기회와 도전을 남보다 먼저 내다보고 지혜롭게 대응해 나갈 준비를 하여야 한다. 그래서 집필진들은 4차 산업혁명의 특성과 그 함축성부터 잘 이해하는 것이 중요하다고 인식하고 창업에 대한 내용과 함께 이 교재를 구성하였다. 그것은 바로 '앞을 보고 먼저 준비한 자'가 되기 위한 시작인 것이다.

인류는 과거 산업혁명에 맞서 스스로 진화한 이력을 가지고 있다. 2차 산업혁명으로 자동차가 생기자 일자리를 잃은 분노한 노동자들은 거리로 나가 기계를 부수고 정부를 비판했다. 하지만 인류는 이내 남아도는 노동력을 서비스업과 진화된 제조업 형태의 경제체계로 문제를 스스로 해결했다. 당시 사람이 하던 일 같은 노동의 형태를 컨베이어 벨트 시스템이 대체하자 모든 분야에 생산이 비약적으로 향상되었고 그 덕분에 인류는 물질적 풍요를 얻었기 때문이다. 3차 산업혁명의 역사 역시 현재 우리가 당면할 문제들의 답을 가지고 있다. 3차 산업혁명은 정보화 혁명이었다. 컴퓨터와 인터넷의 등장이 대표될 수 있는 산업혁명이다. 정보는 인간을 한층 더 많은 직업과 상업으로 연결하는 매체가 됐다. 지구 반대편에서 이편으로 넘나드는 데이터들은 창조적 인재와 새로운 직업군을 만들어 냈다.

이 책에 구성된 내용은 우리가 새롭게 맞이해야 할 피할 수 없는 주제인 4차 산업혁명을 다루며 창업에 대한 이해와 선제적 창의력을 돕고자 제시한다. 더 이상 4차 산업혁명을 두렵거나 막연한 개념으로 이해하지 않고, 새롭고 더 밝은 미래로 인식할 수 있는 근거로서 이해하기 바란다.

이 교재는 창업과 4차 산업에 대한 실제 사례, 생생한 경험 등을 토대로 젊은이들에게 실질적인 내용을 알기 쉽게 구성하여 창업을 하는 과정에 도움이 되도록 하였다. 또한 4차 산업에 대한 이해를 통해 다가 올 미래에 대한 준비를 하도록 구성하였다. 또한 국내외의 많은 문헌과 관련 서적의 내용을 참고로 정리해 놓았기 때문에 창업과 4차 산업에서 실제적인 부분과 이론적인 조화가 잘 구성된 창업과정에서의 꼭 필요한 교재라 생각한다. 또한 창업과 관련한 교재로선 국내에서 가장 먼저 정리되고 쓰여진 책이 아닌가 생각한다. 아무쪼록 본 교재를 통해 이 땅의 젊은이들이 높고 원대한 희망과 비전을 갖기를 바란다.

- 이 땅의 젊은이들을 사랑하는 저자 일동 -

Contents

머리말 / 3

Chapter 01 창업의 이해 ······ 11

1. 창업이란 ······ 16
2. 창업 가능성 검토 ······ 19
3. 창업 준비의 첫걸음 ······ 21
4. 창업 성향 자가진단 ······ 23

Chapter 02 창업의 준비 ······ 31

1. 창업의 3요소 ······ 33
2. 아이템 선택 시 유의사항 ······ 35
3. 아이템 선택방법 ······ 41
4. 성공 아이템 체크방법 ······ 43
5. 창업 형태를 정하라 ······ 45
6. 상권 분석과 입지 선정 ······ 47
7. 준비과정의 세무 전략 ······ 51

Chapter 03 창업의 시작 ······ 53

1. 창업 절차 ······ 55
2. 아이템 선정 ······ 57
3. 타당성 분석 ······ 58
4. 시장조사 ······ 62

5. 자금 ········ 63
6. 사업계획서 ········ 64
7. 사업장(임차) ········ 66
8. 경영관리 ········ 68

Chapter 04 4차 산업혁명 그리고 창업 ········ 71

1. 산업혁명의 역사 ········ 73
2. 4차 산업혁명의 새로운 기술 ········ 79
3. 4차 산업혁명과 앞으로의 전망 ········ 88

Chapter 05 로봇혁명 ········ 91

1. 로봇 이야기 ········ 94
2. 기술혁신의 아이콘 ········ 96
3. 로봇의 산업화 ········ 97
4. 로봇이 지배한 사회 그 이후는? ········ 107

Chapter 06 인공지능 ········ 111

1. 알파고는 무엇인가? ········ 114
2. 의료업계의 A.I의 진화 ········ 117
3. 자동차의 AI ········ 121
4. AI 이후 인간의 삶 ········ 124

Chapter 07 사물인터넷 ······ 127

1. 사물인터넷이란? ······ 129
2. IoT의 시작 ······ 130
3. IoT의 주요 기술 ······ 131
4. 사물인터넷에 주목해야 하는 이유 ······ 133
5. 사물인터넷의 발전 방향 ······ 134
6. 사물인터넷의 적용 사례 ······ 137
7. 사물인터넷의 문제점 ······ 142
8. 사물인터넷의 미래 ······ 144

Chapter 08 빅데이터혁명 ······ 145

1. 빅데이터의 등장과 기술 혁신 ······ 148
2. 생활 속의 빅데이터 ······ 151
3.빅데이터의 사례 ······ 155
4. 빅데이터의 미래 ······ 161

Chapter 09 자동차의 모빌리티로 그리고 스마트 드라이빙 ·· 163

1. 자율주행자동차의 역사 ······ 166
2. 자동차의 전동화 ······ 171
3. 커넥티드(Connected) 기술이 내 생활을 바꾼다 ·· 175
4. 자율주행차의 실용화를 위한 생태계 구축 ······ 181

Chapter 10 가상현실과 증강현실 ······ 183

1. VR/AR의 탄생과 유래 ······ 185
2. VR/AR의 현실화 ······ 187
3. VR/AR의 진화 ······ 189
4. 대한민국 VR/AR의 과제 ······ 196

Chapter 11 창업 그리고 경영 ······ 197

1. 경영이란 무엇인가? ······ 199
2. 창업회사의 경영관리 ······ 201
3. 경영계획 수립의 중요성 ······ 203
4. 경영계획 수립의 목표 설정 ······ 205
5. 경영과 기업문화 ······ 206

Chapter 12 창업 그리고 마케팅 ······ 213

1. 마케팅의 정의 ······ 215
2. 마케팅 과정 ······ 217
3. 경영과 마케팅 ······ 218
4. 마케팅 전략 ······ 220
5. 마케팅의 새로운 패러다임 ······ 223
6. 마케팅 핵심 고객관리 ······ 225
7. 고객관리 노하우 ······ 227

참고문헌 ······ 230
찾아보기 ······ 233

4차 산업 그리고 창업

chapter 01

창업의 이해

chapter 01 창업의 이해

생각해 봅시다 - 공차 김여진 대표

대학을 갓 졸업한 후 남편을 따라 싱가포르에 따라가 공부를 하며, 한편으론 평범한 가정주부로 살던 김여진 씨는 밀크티를 마시러 '공차' 가게에 들려 매일 밀크티를 마시는 것이 하나의 즐거움이었다. 싱가포르에 살고 있던 그는 밀크티를 처음 맛본 뒤, 국내에 도입하면 잘 될 것 같다고 생각했다. 국내에서 커피에 비해 덜 알려져 있어 신선하고, 특히 커피를 마시지 않는 어린아이들도 즐길 수 있는데다, 탄산음료에 비해 건강음료로서의 매력도 커 오히려 커피전문점에 비해 더 넓은 고객층을 확보할 수 있을 것으로 판단했다.

공차(貢茶)는 '황제에게 진상하는 귀한 차'라는 의미를 가졌고, 상표도 고풍스러운 한자로 되어 있어서 프리미엄 브랜드라는 느낌을 줄 수 있었다.

또한 그는 공차 매장의 고객이 남녀노소를 가리지 않는다는 점에 충격을 받았다. 한국의 시각에서 볼 때 차나 커피를 마시러 카페에 가는 사람은 주로 젊은 층이기 때문이다. 그는 국내에도 차 문화에 대한 수요가 있다고 판단, 대만 공차 본사를 수차례 찾아가 국내 판권을 따내는 데 성공했다. 당시 한국에는 스타벅스, 커피 빈, 카페베네 등 커피전문점이 빠르게 성장하고 있었는데, 차에 대한 수요를 정확히 짚은 것이다. 그는 "전 재산을 쏟아부었기 때문에 '실패하면 길바닥에 나앉아야 한다'는 절박감이 공차코리아 성공의 밑거름이 됐다."고 말했다.

이미 국내 대기업과 유명 외식업체 몇 곳이 사업권 유치제안서를 낸 상황에서 자금 규모도 작고, 사업경험도 없었던 어린 주부(당시 20대 중반)의 도전에 대만의 공차 본사가 처음에는 황당스러워하는 반응을 보인 것도 당연한 일이었다. 사업 제안서를 담은 이메일에는 번번이 형식적으로 '확인했다'는 답만 돌아왔고, 본사의 사업권 담당 책임자들도 만나기 힘들었다. 거의 모든 면에서 열세였던 김 전 대표가 다른 경쟁자들을 제치고 공차의 사업권을 따낸 데는 창업자의 마음을 움직인 것이 결정적 계기가 됐다.

다른 경쟁자들과 달리 김 전 대표는 대만과 싱가포르의 모든 밀크티와 음료들을 마셔보고 각 브랜드의 장·단점과 차이 등을 면밀히 분석해 공차 본사에서 여러 차례 프레젠테이션을 했다. 또 아이디어가 떠오를 때마다 이메일로 이를 알리는 대신 대만에 수시로 날아가는 적극성을 보이기도 했다.

결국 공차의 창업자 우전화(吳振華) 회장은 김 전 대표의 해박한 실무지식과 한국 시장에서의 성공 가능성을 내다 본 프레젠테이션에 높은 점수를 줬고, 그녀는 여러 경쟁자들을 제치고 사업권을 따내는 데 성공했다.

2012년에 시작한 홍대 1호점은 입소문을 타고 많은 사람들이 가맹점을 내 달라고 몰려들었다. 1년 8개월 만에 가맹점은 126개로 불어났고, 김여진 대표는 340억 원을 받고 사모펀드에 공차를 매각했다.

창업이라고 꼭 기술이나 아이디어가 있어야만 되는 것은 아니다. 내가 좋아하던 차를 한국에서도 마시고 싶어 창업을 했던 그 열정이, 한국에서 호응이 좋아 프랜차이즈 사업으로 발전하여 젊은 나이에 340억 원이라는 부를 안겨 준 것이다. 이렇게 '공차'는 한국 창업의 유명한 사례이다.

01 김여진 대표가 공차를 한국에 들여오게 된 이유는 무엇인가?
어떤 마인드가 김여진 대표와 공차코리아(한국법인)를 탄생시켰는가?

---

02 공차코리아가 한국으로 오기까지 어떤 어려움이 있었고, 어떻게 극복을 하였을까?

---

03 내가 좋아하는 것을 창업으로 연결한 사례를 읽고 느낀 점을 발표해 보자.

---

1. 창업이란

창업이란 창의적인 아이디어를 직접 현실화하는 작업으로, 젊은 청년들의 창업과 도전에 대한 인식은 중요하다. 대학에서 공부하고 연구한 전공 분야의 창업도 중요하지만 우리의 주변 생활에서 보이는 창업의 성공요소는 너무나도 많다. 특히, 창업에 대해 이해하고 우리에게 다가온 4차 산업을 이해한다면 창업의 기대와 성공요소는 한층 가깝게 다가설 것이다.

그러나 창업은 반드시 주업으로 해야만 되는 것은 아니다. 직장생활에서도 늘 문제의식을 통해 직업을 가지고 있으면서 세컨드 직업으로 창업에 대한 아이디어를 실현하는 젊은이들도 많이 볼 수 있다. 창업에 성공한 많은 젊은이들도 성실히 직장생활 중 새로운 창업 아이디어로 성공하여 본격적인 창업을 하는 경우를 흔히 볼 수 있다.

(1) 창업이 필요하다고 전해지는 시그널

창업은 시점이 중요하다. 당신의 마음에 다음과 같은 시그널이 온다면 당신에게 창업을 진지하게 고민해야 할 때임을 알리는 것일 수 있다.

① 자유를 좋아한다

사무실 책상에 앉아 있거나 틀에 박힌 조직 안에서 근무하는 것이 답답하다고 느껴진다. 발목을 잡고 있는 사슬을 풀고 탈출하는 데에는 창업이 좋은 대안일 수 있다.

② 역사에 남을 무언가를 만들고 싶다

끝없는 열정과 철저한 계획으로 창업을 통해 성공을 거두기 원한다면 당신 역시 스티브 잡스나 창업 사례의 김여진 대표와 같이 역사 속의 위대한 기업가의 반열에 오를 수 있다.

③ 누군가로부터 지시받는 것이 싫다

직장생활이 마음이 답답하고 자신만의 답을 찾고 싶다면 당신은 창업을 생각하고 있는지도 모른다.

④ 돈을 빨리 벌고 싶다

많은 돈을 빨리 벌 수는 없다. 그러나 당신의 열정과 시간을 창업에 투자한다면 취업보다는 좀 더 빠른 속도로 부자가 될 수 있다.

⑤ 배우는 것이 즐겁다

창업자가 되기 위해선 계속 배워야 한다. 당신이 배움의 즐거움을 안다면 창업 전선에 뛰어들어도 좋다.

⑥ 남과 다른 시선으로 세상을 보고 싶다

성공한 창업자들은 남들과는 다른 시선을 가지고 있다. 당신이 창의적인 아이디어가 샘솟는다면 창업을 준비해야 할 시기이다.

(2) 평범한 사람들의 창업 결심

① 박재준 앤톡 대표

"돈·사회적 지위보다 창조적인 일이 즐거워"

로보어드바이저 스타트업 '앤톡' 박재준 대표 인터뷰

개인 투자자에게 주식정보 분석·제공 '앤톡' 창업
취업으로 관련분야 전문성 쌓은 후 창업하면 유리
핀테크, 투자비용 적고 정부·기업 지원 많아 매력

지난 11월 30일 오후 서울 영등포구 '위비핀테크랩'에서 로보어드바이저(robo-advisor) 서비스 스타트업을 창업한 박재준(32) 대표를 만났다.

앤톡이란 회사 이름은 '개미(Ant)'와 '주식(Stock)'을 버무려 만들었다. 이름 그대로 개미투자자들에게 주식 정보를 제공하는 스타트업이다.

"개인투자자들이 보다 건전한 방식으로 투자할 수 있게 돕고 있어요. 재무제표처럼 간과하기 쉬운 정보를 분석해 이해하기 쉽도록 글이나 인포그래픽 등으로 만들어 제공하는 거죠."

앤톡은 전문용어와 숫자의 나열이었던 주식 정보를 한눈에 알 수 있도록 그림책처럼 쉽게 재가공해 웹사이트에서 무료로 제공하고 있다. 앤톡의 사업 모델은 한국사회적기업진흥원과 한국정보화진흥원의 투자, 코스콤 등의 무료 데이터 지원 등의 성과를 일궈냈다.

박 대표가 앤톡 창업을 결심하게 된 계기는 무엇이었을까.

"세상에 새로운 가치를 만들고 새로운 관점을 제시하기 위해서는 회사를 만드는 수밖에 없겠다는 생각이 들었어요. 제가 돈이나 사회적 지위를 좇는 것보다는 창조적인 일을 할 때 즐거움을 느끼기도 하고요."

박 대표는 연세대 경영학과를 졸업하고 미국의 콜롬비아대 경영학석사(MBA) 과정을 1년 만에 마친 인재다. 보다 안정적이고 연봉도 높은 회사로의 취직 기회가 많았을 텐데, 그는 MBA를 졸업하자마자 한국으로 돌아와 2명의 파트너와 함께 앤톡을 꾸렸다.

2명 모두 박 대표와 아주 특별한 사이다. "정병주 최고기술책임자(CTO)는 서비스 플랫폼과 알고리즘 등의 시스템을 개발하고 데이터베이스를 구축하는 업무를 맡고 있어요. 전 이사와 저는 이라크 파병 동기예요. 실사 판 태양의 후예죠(웃음). 마케팅을 맡고 있는 박영준 이사는 제 친동생이고요."

아직 젊고 도전정신이 투철한 이들이지만 사업을 시작하면서 '실패'에 대한 부담이 아예 없을 수는 없었다. 그러나 박 대표는 핀테크 창업은 실패 확률이 상대적으로 낮은 분야라고 설명했다.

박재준 앤톡 대표가 사업 내용에 대해 설명하고 있다.

"핀테크나 빅데이터 분야는 투자비용이 적기 때문에 실패 확률도 낮아요. 또 요즘에는 정부뿐만 아니라 우리은행 같은 기업들도 나서서 스타트업 지원을 많이 하고 있어서 많은 도움이 됐어요."

사업을 시작한지 2년이 다 돼가는 시점에서 돌아봤을 때 특별히 힘들고 어려운 일은 없었을까.

"제일 힘든 부분은 사실 경제적인 문제죠. 그렇지만 스타트업이라면 모두가 겪는 부분이라고 생각하기 때문에 크게 개의치 않으려고 해요."

박 대표는 처음 사업을 시작했을 때 작은 일 하나에도 감정의 동요가 커 힘들었다고 한다.

"스타트업을 준비하는 후배들에게 마음의 온도를 일정히 유지하라고 조언하고 싶어요. 왜, 생고기도 자꾸 얼렸다 녹였다 하면 너덜너덜해지잖아요. 물론 쉬운 것은 아니지만 크고 작은 일들에 무던해져야 사업을 계속 이끌어갈 수 있는 거 같아요."

스타트업에 대한 관심이 높아지면서 창업이냐 취업이냐를 고민하는 청년들이 많아졌다. 박 대표는 그런 이들에게 이분법적 사고를 버릴 것을 제안했다.

"취업을 우선 한 다음에 이를 창업의 기반으로 삼으면 좋아요. 관련 영역에서 경험과 전문성을 쌓으면 실력, 노하우, 네트워크가 생기거든요."

실제로 박 대표는 스타트업 이전에 9개국에서 컨설팅 업무 경험을 쌓았다. 그렇다면 박 대표가 생각하고 있는 앤톡의 목적지는 어디일까. 그에게 장기적인 목표를 물었다.

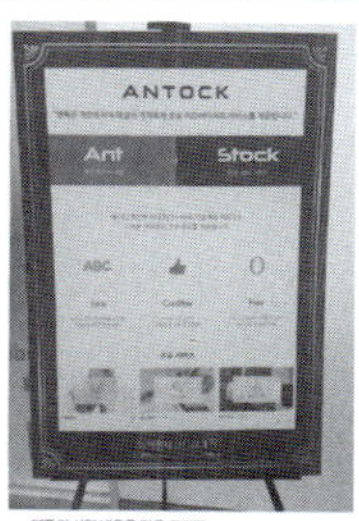

앤톡의 사업 내용을 담은 표지판.

"사람들은 금융에 대해 '돈 놓고 돈 먹는다'는 선입견이 있는데, 모두가 주식을 주도적으로 분석할 수 있게 된다면 이런 선입견이 조금 사라지지 않을까요. 금융시장이 건강해질 수 있도록 기여하고 싶어요. '아시아의 블룸버그'라 할 수 있는 정보제공 업체로 자리 잡는 게 저희의 목표예요."

(jmin@asiatime.co.kr)

출처 : 아시아타임즈

"회계법인에서 일한지 5년이 되던 어느 날, 정신을 차려 보니 똑같은 일을 반복하고 있었습니다. 회사를 떠나 내가 좋아하는 새로운 일을 해야겠다는 생각이 들었어요. 이왕 할거면 내가 산업현장에서 느꼈던 문제점들을 해결하는 일을 해보자 한 거죠."

② 안중근 하울팟 공동창업자

"회사에 소속된 디자이너들은 대부분 제품을 부분별로 분업해서 디자인하거든요. 혼자만의 힘으로 완성시킨 제품을 팔고 싶다는 욕망이 항상 있었어요. 그래서 창업의 위험부담을 감수한 거죠. '안 되면 또 다른 회사로 가지!'라는 생각도 했어요."

③ 한완희 빅워크 대표

"원래 하던 일에 불만이 많았어요. 그래서 재능 기부 같은 외부활동을 많이 했죠. 그러던 중 사회적 기업에 관한 다큐를 보게 되었는데, 너무 매력적이더라고요. 제가 관심 있던 기부에 관한 일들을 기업화시킬 수 있을지에 대한 고민을 그때부터 시작했어요."

출처 : 홈페이지 - 보고, 듣고, 생각하고, 기록하기

2. 창업 가능성 검토

창업을 결심한 후 염두에 둔 업종과 아이템이 얼마나 성공을 거둘지 고민이 많을 것이다. 이때 필요한 게 바로 '사업타당성' 검토이다. 즉, 내가 생각하고 있는 창업 아이템이 시장에서 얼마나 잘 팔릴지, 수익은 얼마나 될지 등을 체계적으로 분석해 보는 것이다. 사업자 스스로가 해볼 수 있는 간단한 분석으로 시장성, 기술성, 수익성을 분석하면 좋다.

사업 타당성 분석 단계		
1. 시장성	2. 기술성	3. 수익성
창업 아이템에 대한 제품 경쟁력, 차별화, 특징 등을 분석하는 시장조사 단계	창업 아이템을 생산, 판매하는 데 드는 기술력을 분석해 제품과 가격 경쟁력을 결정하는 단계	창업 아이템의 수익 가능성을 검토하고 매출, 자금, 지출계획 등을 세우는 단계

(1) 시장성 분석

시장동향 분석은 시장 규모를 확인하는 일부터 시작한다. 전문서적이나 인터넷 등을 활용해 해당 아이템이 창업하고자 하는 지역에 얼마만큼의 시장을 형성하고 있는지 알아보는 것이다. 경쟁할 가게의 현황과 전략을 미리 파악해 두는 것도 잊지 말아야 한다. 그리고 고객이 얼마나 될 것인가에 대한 수요 예측도 매우 중요하다. 시장성 분석 작업이 끝났다면 마지막 단계로 본인의 분석자료를 가능한 많은 사람과 공유해 보고 의견을 들어본다.

(2) 기술성 분석

시장조사 후 내가 창업하려고 하는 아이템이 얼마나 기술력과 차별성이 있는지 알아보아야 한다. 시장에서 독점적인 기술력을 갖춘 아이템이라면 성공 가능성이 높지만 그렇지 않은 경우 어떤 면에서 차별화를 가져올지 점검하여야 한다. 특히, 4차 산업이 시작된 지금은 새로운 시장의 진입이나 선점할 가능성이 높은 아이템을 찾아야 한다. 제품을 판매하는 서비스업이라면 서비스 수준도 매우 중요한 기술력에 속한다. 동일 지역, 동일 시장에서의 경쟁업체와 다른 서비스를 제공하는 것도 중요하다. 차별화된 제품경쟁력, 가격경쟁력, 서비스경쟁력, 매장경쟁력 등이 여기에 속한다.

(3) 수익성 분석

수익성 분석은 타당성 분석의 마지막 단계이자 최종 목적지이다. 수익이 나오지 않는 아이템은 시장성과 기술력을 갖추었다 해도 창업할 이유가 없다. 결국 시장성과 기술성 분석은 수익성을 따져 보기 위한 준비과정이며, 진짜 중요한 건 수익성이다. 가장 쉬운 방법은 경쟁점포를 분석하는 것이다. 상위 3개를 선정하여 시간대별, 요일별로 조사한 후 최고치와 최저치의 평균을 내 본다. 그리고 창업하는 데 들어간 제반 비용도 확인해 수익성을 확인해 본다.

3. 창업 준비의 첫걸음

창업에 대한 아이템이 사업에 적절한지 검토하는 단계에서 꼭 필요한 과정과 단계를 밟아 나아가 보자. 일의 경중에 따라 순서를 정하고 그에 맞춰 단계를 밟아 나가는 것이 중요하다.

(1) 브레인라이팅(Brain-writing)을 하라

창업 아이디어를 구체화하는 데 있어선 '브레인스토밍'보다는 '브레인라이팅'이 더 효율적이다. 아이디어를 자유롭게 쏟아낸 다음 반드시 기록해 놓으라는 말이다. 요즘 시대엔 좋은 아이디어가 떠오른 경우 스마트폰을 이용하여 녹음해 놓고 옮겨 적는 것도 좋은 방법이다.

(2) 시장을 배워라

인터넷으로 검색하고 정보를 수집하는 등 시장에 대한 공부를 하여야 한다. 업계 종사자에게 의견을 구해보고 서점에서 창업 성공 사례를 찾아보는 등 시상조사방법은 다양하다. 외부 강의나 전문 보고서를 참고하는 것도 유용하다.

(3) 시장의 관심을 끌어라

창업을 시작하기 전에 잠재 고객층을 탄탄하게 다져둬야 한다. 관심을 끌 만한 홍보자료나 영상물을 제작해 온라인 홍보를 시작하는 것도 바람직한 방법이다. 유튜브나 블로그 등에 창업 아이템에 대해 자료나 영상물을 미리 등재해 놓는 것도 좋다. 4차 산업의 경우 아직 많은 이해가 부족하므로 적극적인 학습과 준비가 경쟁력이 될 수 있다.

(4) 회사 이름을 지어보라

창업에 앞서 미리 이름을 지어 가져보자. 창업회사의 이름을 갖고 있다면 마인드도 달라질 것이며 창업에 대한 열정도 샘솟을 것이다. 내 마음에 꼭 맞는 사명(회사이름)을 만들긴 쉽지 않겠지만 미리 준비하는 과정에서의 즐거움이 있다.

① 발음하기 좋아야 한다

오랫동안 사랑받기 위한 이름을 만들기 위해서는 '구글'이나 '스타벅스'처럼 발음하기 좋고 듣기가 쉬워야 한다.

② 짧을수록 좋다

미국의 IT 회사 '델'이나 파일 공유 업체 '박스'는 한 단어이다. 짧고 간결한 이름은 기억하기 쉽고 온라인 도메인을 만들기도 좋다.

③ 지인들의 반응을 반영하라

회사 이름의 후보군들이 있다면 많은 사람들에게 보내어 그들의 의견을 반영시켜보자. 그들의 생각이 고객의 생각일 수 있다.

④ 모바일 사용자를 고려하라

요즘의 사업은 모바일 기기를 활용한 홍보나 판매가 중요하다. 회사 이름이 스마트폰 화면이나 애플리케이션 아이콘에 잘 어울릴지를 고려해 보라.

4. 창업 성향 자가진단

(1) 자가진단의 목적

창업 예비자에게 필요한 사업 역량과 준비사항, 아이템 등을 자가진단의 결과를 통해 본인의 부족한 점을 보완할 수 있는 기회를 알아보자. 창업진흥원에서 운영하는 창업넷의 자가진단표를 통해 자신의 창업에 대한 기본역량을 파악해 보자.

(2) 자가진단의 구성

자가진단은 창업자 역량, 시장조사, 아이템 분석, 비즈니스 모델, 비즈니스 전략 등으로 구성되어 있다.

- 창업자 역량은 창업자의 기업가정신 및 창업을 위한 준비 정도를 점검하는 설문
- 시장조사는 제품과 시장을 정의하고 창업자가 자발적 행위에 의해서 시장을 파악했는지를 점검함과 동시에 시장구조 분석, 외부환경 분석 등을 점검하는 설문
- 아이템은 제품, 가격 차별성과 기술경쟁력, 혁신성, 고객 니즈 등을 점검하는 설문
- 비즈니스 모델은 비즈니스 모델 수립, 판매방식, 생산방식과 마진 등을 점검하는 설문
- 비즈니스 전략은 생산, 판매, 인력, 자금 전략 등을 점검하는 설문

(3) 자가진단 평가

① 각 항목에 대하여 체크한 후 점수를 합산한다.

5점 : 매우 그렇다, 4점 : 그렇다, 3점 : 보통이다, 2점 : 아니다, 1점 : 아주 아니다

② 합산한 점수에 2를 곱하여 100점 만점으로 환산한다

③ 평가점수에 대해 확인한다

점수	자질 및 가능성	점수	자질 및 가능성
90점 이상	창업 반드시 성공한다	60점 이상	창업 가능성이 있다
80점 이상	창업 성공 가능성이 높다	50점 이상	창업 가능성이 낮다
70점 이상	창업 성공 가능성이 있다	50점 미만	창업 가능성이 없다

④ 활용 및 분석

- 각 항목별 점수의 결과를 기준으로 부족한 항목을 확인한다.
- 부족한 부분에 대하여 더 깊이 분석하고 보완한다.

창업넷(www.k-startup.go.kr)을 활용하여 직접 분석하고 도움을 받을 수 있다.

[Worksheet]

1. 창업자 역량

창업자 역량은 사업가로서 준비가 되어 있는가를 파악하기 위하여 사업추진 의지 및 기업가정신과 창업 관련 경험, 역량 및 사업화를 위한 네트워크 보유 현황 등을 점검한다.

체크리스트	평가				
	5점	4점	3점	2점	1점
1. 나는 평소 자발적으로 계획을 세워서 수행한다.					
2. 나의 창업 아이디어(아이템)를 사람들(고객, 투자자 등)에게 설명할 수 있다.					
3. 나는 상황을 파악할 수 있는 통찰력이 있다.					
4. 나는 창업 관련 입상경험이 있다.					
5. 나는 최근 3년 이내에 창업 관련 교육을 받았다.					
6. 나는 사업화를 위한 자금 확보방안이 있다.					
7. 나는 창업기업에 대한 법인세 등 세제 지원제도를 알고 있다.					
8. 나는 사업화를 위한 기술/Know-how 확보방안이 있다.					
9. 나는 사업화를 위한 마케팅 능력(판로, 홍보 등)을 확보하고 있다.					
10. 나는 사업화에 필요한 인력(팀)을 확보하고 있다.					
합계					

점수	자질 및 가능성	점수	자질 및 가능성
90점 이상	창업 반드시 성공한다	60점 이상	창업 가능성이 있다
80점 이상	창업 성공 가능성이 높다	50점 이상	창업 가능성이 낮다
70점 이상	창업 성공 가능성이 있다	50점 미만	창업 가능성이 없다

2. 시장조사

시장조사는 목표하는 서비스와 시장이 명확하게 정의되었으며, 목표시장이 매력적이고 세분화되었는지, 서비스의 외부환경 분석을 통해 시장의 기회를 점검한다.

체크리스트	평가				
	5점	4점	3점	2점	1점
1. 나는 사업 아이템과 관련된 예상고객과 만난 경험이 있다.					
2. 나는 사업 아이템과 관련된 경쟁업체와 접촉(전화, 이메일, 방문 등)한 경험이 있다.					
3. 초기에 구매해줄 목표고객층을 결정하였다.					
4. 초기에 구매해줄 핵심고객을 알고 있다.					
5. 서비스 목표시장의 추정 규모는 얼마인가?					
6. 서비스와 관련된 소비자 트렌드 변화가 내 사업에 유리하다.					
7. 서비스와 관련된 경제적 변화가 내 사업에 유리하다.					
8. 서비스와 관련된 사회문화적 변화가 내 사업에 유리하다.					
9. 유사한 서비스를 제공하는 기업들의 경쟁이 치열하다.					
10. 유사서비스가 새롭게 출시될 가능성이 있다.					
합계					

점수	자질 및 가능성	점수	자질 및 가능성
90점 이상	창업 반드시 성공한다	60점 이상	창업 가능성이 있다
80점 이상	창업 성공 가능성이 높다	50점 이상	창업 가능성이 낮다
70점 이상	창업 성공 가능성이 있다	50점 미만	창업 가능성이 없다

3. 아이템 분석

아이템 분석은 서비스 내용, 제공방식, 수익구조의 차별성을 파악하고, 기존 서비스와의 경쟁우위를 파악하고, 고객의 니즈와 확대에 대한 분석을 통해 아이템을 점검한다.

체크리스트	평가				
	5점	4점	3점	2점	1점
1. 나는 서비스 개발의 트렌드(로드맵)를 잘 파악하고 있다.					
2. 나의 서비스는 기존 서비스와 차별화된 서비스 제공방식을 가지고 있다.					
3. 나의 서비스는 기존 서비스보다 추가적인 수익을 창출할 수 있는 방안이 있다.					
4. 나는 고객을 늘릴 수 있는 방법을 알고 있다.					
5. 나의 서비스는 경쟁사가 따라오기 힘든 경쟁우위요소를 가지고 있다.					
6. 나는 개발하고자 하는 서비스와 관련된 경력을 가지고 있다.					
7. 나는 고객이 누구인지 알고 있다.					
8. 나는 고객이 느끼는 문제점을 파악하고 있다.					
9. 나는 고객이 받는 기존 서비스에 비해 추가적인 혜택을 제공할 수 있다.					
10. 나는 고객의 규모를 파악하고 있다.					
합계					

점수	자질 및 가능성	점수	자질 및 가능성
90점 이상	창업 반드시 성공한다	60점 이상	창업 가능성이 있다
80점 이상	창업 성공 가능성이 높다	50점 이상	창업 가능성이 낮다
70점 이상	창업 성공 가능성이 있다	50점 미만	창업 가능성이 없다

4. 사업 모델

사업 모델은 경쟁자의 사업 모델 파악을 기반으로 자신의 차별화된 사업 모델을 수립하였는지를 분석하여 사업 모델을 점검한다.

체크리스트	평가				
	5점	4점	3점	2점	1점
1. 우리는 성장 단계에 따른 적정한 팀을 보유하고 있다.					
2. 우리 조직은 네트워크가 잘 구축되어 있다.					
3. 주요 활동은 효율적으로 수행하고 있다.					
4. 제작/제공을 위한 협력 파트너를 확보하고 있다.					
5. 아이디어 개발, 제작, 유통 및 소비자 접촉의 과정 각각에서 중요한 필수 활동들을 알고 있다.					
6. 본인의 사업 아이템이 어떻게 수익을 창출할 수 있는지 알고 있다.					
7. 나의 아이템/서비스 사업화, 상품화에 필요한 자금규모를 알고 있다.					
8. 본 사업의 손익분기점을 알고 있다.					
9. 창업사업화를 진행하는 데 필요한 소요비용을 알고 있다.					
10. 서비스의 제작과정을 전체적으로 파악하고 있다.					
합계					

점수	자질 및 가능성	점수	자질 및 가능성
90점 이상	창업 반드시 성공한다	60점 이상	창업 가능성이 있다
80점 이상	창업 성공 가능성이 높다	50점 이상	창업 가능성이 낮다
70점 이상	창업 성공 가능성이 있다	50점 미만	창업 가능성이 없다

5. 사업 전략

사업 전략 트랙은 제작, 인력, 판매, 자금 측면에서 전략을 분석함으로써 전략을 점검한다.

체크리스트	평가				
	5점	4점	3점	2점	1점
1. 서비스를 제작할 수 있는 최적의 외주업체를 알고 있다.					
2. 제작·제공과정에서 발생할 수 있는 애로사항을 파악하고 있다.					
3. 회사 운영 시 자문을 받을 수 있는 인적 네트워크는 충분히 확보하였다.					
4. 참여인력의 역할과 책임은 명확히 설정되어 있다.					
5. 향후 2년간 분기별 매출액을 예측하고 있다.					
6. 유통경로(중간 유통, 직접 판매 등)를 확보하고 있다.					
7. 서비스 판매에 따른 수익구조(판매, 수수료, 이용료, 회비 등)는 명확하다.					
8. 소요자금 규모를 알고 있다.					
9. 자금운용계획을 수립하였다.					
10. 창업 초기의 서비스 공급 규모를 알고 있다.					
합계					

점수	자질 및 가능성	점수	자질 및 가능성
90점 이상	창업 반드시 성공한다	60점 이상	창업 가능성이 있다
80점 이상	창업 성공 가능성이 높다	50점 이상	창업 가능성이 낮다
70점 이상	창업 성공 가능성이 있다	50점 미만	창업 가능성이 없다

chapter

02

창업의 준비

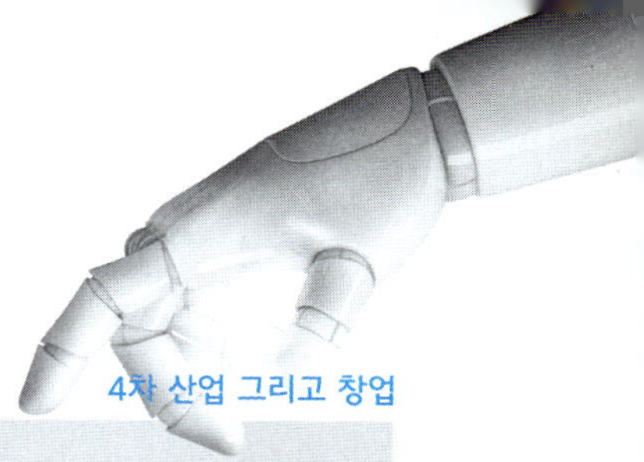

chapter

02 창업의 준비

1. 창업의 3요소

창업의 3요소는 통상 창업가, 창업 아이템, 창업 자본을 이야기하는데, 여기서 가장 중요한 것은 창업가 본인이다. 아이템은 다른 사람의 것을 가져오거나 제안을 받아 선정할 수 있고, 자본은 정책자금을 빌리거나 은행에서 대출을 받을 수 있지만 가장 중요한 창업가 본인의 열정과 마인드, 의지는 다른 사람이 대신해줄 수 없으므로 가장 중요한 요소임에 틀림없다. 또한 창업에서 성공하였다 할지라도 창업가 자신을 관리하지 못하면 한순간에 물거품이 될 수 있기 때문에 창업이나 경영에 있어서 본인의 열정과 의지가 가장 중요하다.

(1) 창업가(본인)

창업자는 사업의 주체자로서 사업을 성공시키기 위해 사업 아이템 확보, 사업계획서를 만들고 사업타당성 분석 등을 통해 사업을 성공시키기 위해 책임감을 가지고 수행하는 자로서, 사업의 성공 여부는 창업자의 가치관, 수행 능력, 기업가 정신이 어떠한가에 따라 결정된다. 창업자는 사업 수행 시 발생하는 위험요소를 극복하고 환경변화에 대응할 수 있는 남다른 통찰력과 기업가 정신이 필요하다. 창업자는 자신의 성향과 능력에 맞는 아이템을 선정하는 것이 중요하며, 꾸준한 자기관리를 통해 창업회사를 지속적으로 발전시킬 수 있어야 한다.

(2) 창업 아이템

창업을 하는 데 가장 중요한 요소는 어떤 아이디어를 가지고 창업 아이템을 선정하는 것인가 하는 점이다. 즉, 어떤 제품(또는 서비스)을 만들어 제공할 것인가 하는 점인데, 4차 산업을 창업과 함께 다루는 목적도 다른 사람보다 일찍 눈을 뜨라는 것이다. 또한 성공할 수 있는 좋은 아이템이란 시장 트렌드와 고객의 니즈에 맞춘 아이템이어야 한다. 아이디어와 기술만 믿고 쉽게 창업했다가 실패하는 경우가 상당히 많은데, 좋은 아이템이란 기술, 고객의 니즈, 서비스, 마케팅 등을 결합시켜 시장에서 좋은 반응을 얻을 때 성공할 수 있는 것이다. 따라서 초보 사업가는 시장에서 이미 검증된 고유 업종을 택하는 것이 좋다.

(3) 창업 자본

자본은 창업에 필요한 인력, 사업장 확보, 설비, 재료 부품 원료 및 제반 경비와 경영에 필요한 자원을 확보하는 데 소요되는 자금에 충당하기 위해 사용된다. 자본은 창업자가 전액 부담하는 경우와 타인 자본을 차입하는 경우, 그리고 투자자금을 유치하여 충당할 수도 있는데, 창업자금은 사전 개업 준비자금, 고정자본, 운전자금 등으로 구분하여 예산을 집행해야 사업운영에 무리가 없으며, 총 자금의 20% 정도는 예비비로 보유하고 있어야 한다.

2. 아이템 선택 시 유의사항

업종이나 아이템 선정에서 가장 우선적으로 고려할 사항은 본인의 적성과 전공, 경험을 고려하여 가장 자신 있게 할 수 있는 업종을 선택하여야 한다. 아무리 좋은 아이템이라 하더라도 창업자가 잘 모르는 사업 분야일 경우 문제가 생길 수 있다. 다음의 내용을 이해한 후 사례를 중심으로 토의하고 발표해 보자.

(1) 경험을 활용하라

창업자의 성공비결은 체육학과 출신으로 워킹 트레이너로 활동한 사회적 경험이 효과적이었다. 창업자가 실제 기능성 신발업체에서 일하다 보니 현장에서만 얻을 수 있는 정보 등을 접할 수 있었다. 현장에서 창업의 성공 가능성을 확인하고 뛰어든 용기가 지금에 이르게 된 것이다. 기능성 신발의 판매와 더불어 운동 지도로 단골고객을 확보하고 입소문을 유도한 것도 시너지 효과를 냈다. 자신의 경험을 활용한 창업 전략이 성공을 이끌어 낸 것이다.

사례 1

수지 씨는 체육학과 출신으로 기능성 신발업체에서 워킹 트레이너로 초청을 받아 일하면서 기능성 신발을 알게 되었다. 직업 특성상 걷기 운동과 자세가 얼마나 중요한지, 또 신발이 얼마나 신체에 영향을 주는지 알고 있었다. 그는 워킹 트레이너로 일하면서 웰빙 트렌드를 반영한 기능성 신발이 앞으로 크게 발전할 것으로 전망했다. 결국 성공할 것이라는 확신을 갖고 기능성 신발 매장을 창업했다.

그는 단순히 기능성 신발 판매에만 그친 것이 아니었다. 고객이 기능성 신발을 구입해 신는 것도 중요하지만 더 큰 효과를 보기 위해서는 바른 자세가 수반되어야 한다고 생각했다. 이에 따라 그는 전공을 살려 매장에 짐볼과 런닝머신 등 운동기구를 갖춰 놓고 자세 교정과 다이어트 상담을 무료로 해 주었다. 그 결과 입소문을 통해 찾아오거나 재구매를 원하는 손님들이 문전성시를 이루었다. 골반이 뒤

틀려 걷는 자세가 바르지 않던 학생이 통증을 많이 호소했는데, 이곳에서 자세 교정을 받아 상태가 많이 호전되었다.

01 기능성 신발매장 창업이 성공하게 된 이유와 핵심 포인트는 무엇이라 생각하는가?

---

02 나의 전공과 관련된 시너지를 낼 수 있는 창업은 무엇이 있을까? (핸드폰 검색 후 토의)

---

(2) 안정성을 고려하라

아이템 선정에서 가장 중요한 요인 중 하나가 안정성이다. 유행만 쫓아 창업을 한 경우에는 한순간 돈을 벌 수 있을지 몰라도 안정성을 유지할 수는 없다. 날마다 내 창업 점포로 출근하기 위해서는 오랜 기간 꾸준히 영업할 수 있는 업종을 선택해야만 한다. 한때 유행했던 아이템으로 창업을 한 실패 사례를 살펴보자. 찜닭이 유행하던 시절, 서울 시내 골목마다 찜닭집이 생길 정도로 폭발적인 인기를 끌었다.

사업은 유행을 타서 프랜차이즈 본사들이 가맹점들을 끌어모았다. 하지만 결국 찜닭 사업은 유행을 낳았을지 몰라도 치킨 프랜차이즈처럼 장수 브랜드로 남지 못했다. 동네마다 하나씩 있던 그 많던 찜닭집이 문을 닫는 데에는 채 2년이 걸리지 않았다. 처음에는 찜닭을 새로운 먹거리로 여겨 호기심과 색다른 맛에 끌린 고객이 몇 번은 방문할 수 있다. 하지만 찜닭은 된장찌개나 김치찌개처럼 자주 먹을 수 있는 음식으로 자리를 잡지 못했고, 시간이 지나면서 고객이 줄어들어 문을 닫게 되었다.

사례 2

국진 씨는 당시 유행하던 찜닭 창업을 하게 되었다. 그 동안 모은 돈을 다 쏟아부어 크지는 않지만 멋지고 아담한 가게를 창업했다. 창업 후 6개월 정도는 장사가 잘 되었다. 말 그대로 당시 유행하는 아이템이었기 때문에 호기심이든 단골이든 몰려드는 손님들로 반년은 문제없이 가게를 끌고 갈 수 있었다. 하지만 당시 찜닭은 반짝 유행 아이템이었다. 점차 고객이 반으로 줄어들게 되면서 결국 창업 후 1년 만에 폐업을 하게 되었다.

1년 동안 늦은 밤까지 가게 문을 열고 열심히 일했지만, 그의 손에 남은 건 총 투자비의 절반 정도였다. 그나마 그 자리에 바로 다른 사람이 들어온다고 계약이 되어 다행이었다.

투자 자금을 회수하고도 계속해서 사업을 유지하기 위해서는 유행을 타지 않고 오랫동안 할 수 있는 아이템이 필요했던 것이다. 반짝하는 유행 아이템에 현혹되어 창업을 결정한다면 그건 도박이나 다름없다.

01 위 창업 사례가 실패하게 된 가장 큰 이유는 무엇이라 생각하는가?

02 우리나라의 창업 브랜드 중에서 오랫동안 유지되고 있는 브랜드는 무엇이 있는가? 그 이유는 무엇일까? (핸드폰으로 검색 후 의견을 토의)

(3) 경쟁력이 중요하다

의료계의 고질적이던 진료 대기시간을 획기적으로 줄이며 창업에 나선 회사가 있다. 바로 신개념 의료 애니메이션, '하이차트'다. 의료계의 경험을 살려 개발한 독보적인 창업 사례인데, 경쟁력이 매우 좋고, 벌써 많은 대형 의료시장을 선점하고 있다.

사례 3

의료계의 혁명! 이제는 어렵지 않은 혁신적인 헬스케어 애니메이션 설명처방

대학병원이나 종합병원에 가본 사람이라면 누구나 경험 했을 것이다. 30분씩, 1시간씩 기다려 힘들게 의사선생님을 만났지만, 막상 상담하는 시간은 길어야 2~3분. 환자 입장에서는 뭔가 억울하다. 설명 부족, 소통 부족이라고 느낄 수밖에 없다. 의사의 입장도 별반 다르지 않다. 국내 의료체계의 현실상, 대형병원의 의사들은 30분 당 10명의 환자가 예약되어 있다. 모든 환자에게 자세하고 친절한 설명을 해준다는 것은 불가능하다. 비슷한 내용을 반복해서 설명하는 일도 보통 스트레스가 아니다.

2009년 창립된 '헬스웨이브'는 이러한 페인 포인트(Pain Point)를 간단하게 해결해주는 '하이차트' 서비스를 개발한 헬스케어 분야의 유망기업이다. 하이차트는 어려운 의료 정보를 환자들이 알기 쉽게 애니메이션으로 제공하는 세계 최초의 '설명처방' 프로그램이다. 의사가 스마트폰으로 애니메이션을 전송해주면, 환자와 보호자는 이를 편리하게 확인하고 주변 사람과도 공유할 수 있다.

현재 서울대병원, 삼성서울병원, 울산대병원, 강남차병원 등 대형 병원과 유명 전문병원 17곳이 병상 수에 따라 최고 500만 원까지의 사용료를 지불하며 하이차트 프로그램을 환자진료 및 상담에 활용하고 있다. 국내는 물론 미국 최고의 의료기관인 존스홉킨스 병원 의료진들과도 이비인후과, 성형외과 등의 분야에서 환자교육 애니메이션을 제작중이며, 일본, 싱가포르, 인도, 말레이시아 등의 의료진들도 시범사업에 참여하고 있다.

아이템 선정에서 빠뜨리지 않고 고려해야 할 부분은 창업 경쟁력이다. 안정성은 있지만 경쟁력이 없다면 사업은 제대로 운영될 수 없다. 보편적인 아이템을 세분화시켜 틈새시장으로 갈 수 있는 경쟁력이 있어야만 한다.

01 위 창업자는 어떤 계기로 위와 같은 창업을 하게 되었을까?

02 위 창업 사례가 성공하게 된 가장 큰 포인트는 무엇이라 생각하는가?

03 '사례 1' 에서 토의한 나의 전공과 관련된 시너지를 낼 수 있는 창업에 차별화된 경쟁력을 넣는다면 어떤 것이 있을까? (핸드폰으로 검색 후 조별로 의견을 토의)

(4) 고객을 생각하라

창업 시 가장 중요한 사항은 본인에게 맞는 아이템을 선정하는 것인데, 그런 아이템을 선정했다 할지라도 운영을 어떻게 할 것인가가 매우 중요하다. 특히, 젊은 층의 고객을 대상으로 하는 업종일 경우 그에 맞는 운영 전략을 수립하는 것이 좋다.

사례 4

대기업에서 30년을 근무해온 홍길동 씨는 얼마 남지 않은 정년퇴직을 앞두고,

무엇을 해야 할지 고민에 빠졌다. 그러던 어느 날 회사 근처 사람들로 붐비는 테이크아웃 커피전문점이 눈에 들어 왔다. 해당 점포를 유심히 관찰한 결과, 그는 커피전문점을 이용하는 주 고객이 20대 젊은 여성들이라는 것을 알게 되었다. 그러고 보니 회사 여직원들도 점심식사 후에 종종 커피를 마시곤 했다. 20대 여성 고객들을 대상으로 커피전문점을 창업하면 잘 될 것 같았다.

커피전문점을 창업하기로 결심한 그는 먼저 적당한 점포를 찾아보았다. 마침 인근에 커피전문점을 할 만한 점포가 나와 바로 계약을 했다. 그가 퇴직 전이었기 때문에, 우선 아내가 커피전문점을 운영했다. 하지만 예상과는 달리 회사 옆 커피전문점은 잘 되는 반면, 아내가 운영하는 커피전문점에는 사람이 없어 수익을 낼 수가 없었다. 결국 창업 6개월 만에 문을 닫고 말았다.

나중에 알게 된 것이지만 고객의 연령대를 고려하지 못했다는 것을 듣게 되었다. 커피전문점의 주 고객은 20대 젊은이들인데, 이들이 자신보다 나이가 많은 50대 사장에게 직접 커피를 주문하는 것에 불편함을 느꼈다는 것이다.

01 위 사례에서 이런 고객의 니즈를 미리 알았다면 어떻게 바꾸어 성공하게 할 수 있을까?

02 우리나라 국민들의 연령대에 맞는 창업 아이템을 찾아보고 발표해 보자. (핸드폰으로 검색 후 의견을 토의)

○ 20~30대 젊은 층

○ 40~50대 중년 층

3. 아이템 선택방법

(1) 대중매체를 활용하라

TV, 신문, 인터넷을 통해 기본적인 창업 정보를 얻을 수 있다. 창업 아이템에 대한 정보, 창업 트렌드뿐만 아니라 정부에서 지원하는 창업 정책 및 자금에 대한 전반적인 정보를 얻을 수 있다. 성공 혹은 실패에 대한 창업 사례를 통해 창업과정, 창업 투자비용, 월 수익 및 성공적인 운영 노하우 등도 알 수 있다.

(2) 창업박람회를 활용하라

창업박람회는 창업 트렌드를 알 수 있는 창업시장의 풍향계라 할 수 있다. 창업 박람회에는 같은 분야의 다양한 업체들이 한 자리에 모여 있어 짧은 시간에 많은 프랜차이즈 회사를 한꺼번에 만날 수 있다는 장점이 있다. 이 기회를 통해 프랜차이즈 회사를 분석하고 내공을 키워보는 것도 좋은 현장체험이다.

(3) 사업설명회를 활용하라

사업설명회는 해당 사업에 대한 시장성 및 계획이나 실적에 대한 설명을 들을 수 있다. 일정이나 장소 등은 창업 전문 사이트와 해당 업체 사이트 및 인터넷을 조사하면 좋다. 사업설명회의 전반부는 주로 회사 측에서 준비해 온 자료를 설명한 후 간단한 질문을 받는 형식으로 진행된다. 상담시간을 잘 활용하면 인터넷에서 찾을 수 없는 구체적인 내용을 들을 수 있다.

(4) 동종 업종의 창업자를 방문하라

동종업종이나 아이템에서 성공적인 사업을 영위하는 창업자를 직접 만나서 들어

보는 것이 좋다. 이는 성공 창업을 위한 필수 코스다. 동종 업종에 지인이 없다면 매장을 방문해 보자. 매장을 방문할 때 가장 좋은 방법은 고객이 되어 보는 것이다. 즉, 고객의 입장에서 평가해 보는 것이다. 비교적 한가한 시간대에 매장을 방문해 직접 고객이 되어 물건을 구입해 보자. 실제 창업에 대한 감을 잡는 데 많은 도움이 될 것이다.

4. 성공 아이템 체크방법

창업의 길을 걷기 위해서는 전후좌우의 신호를 잘 살펴야 한다. 성장기에 있는 유망 아이템일지라도 주변 여건에 따라 사업의 성패가 달라지기 때문이다. 또한 아이템이 선정되었다 하더라도 내・외부적인 요소와 조화를 이루지 않으면 성공은 어려울 수 있다.

아이템 자체에 대한 성장성에 확신을 가졌다고 해서 안심하지 말라. 잠재고객의 여부, 경쟁점포의 수, 상품의 구매여건, 인력수급의 여부, 법적 규제 등 고려해야 할 사항들이 너무 많다.

창업을 위해 사전에 확인해야 할 핵심 체크사항들을 기억하고 체크하자.

(1) 잠재고객을 파악하라

아무리 좋은 아이템이 있거나 상품을 팔아도 구매할 고객이 없으면 아무 소용이 없다. 무엇보다 충분한 잠재고객이 관건이다. 잠재고객을 파악하기 위해서는 다음 사항을 면밀히 조사하여야 한다. 특히, 유동 인구수와 배후지역 인구수는 점포의 매출을 결정짓는 중요한 요소이다.

유동 인구수, 배후지역 인구수, 라이프사이클, 연령, 소득 수준 등을 파악하면 된다.

(2) 이용 빈도를 파악하라

고객의 이용 빈도를 살펴야 한다. 고객이 오랜 기간 동안 기복 없이 찾을 수 있는 아이템이 바로 성공 아이템이다. 가령, 조개구이는 성수기와 비수기가 확연히 나뉘는 아이템이다. 이런 아이템의 경우 고객의 이용 빈도는 낮을 수 있다. 최근에 유행한 '명랑 핫도그'도 줄을 서서 기다리는 풍경이 있었는데, 여름철을 보내면서 고객의 빈도수가 떨어졌다. 계절에 따라 이용 빈도의 차이가 큰 아이템은 비수기를 넘기기 힘들기 때문에 신중히 고려해야 한다.

(3) 경쟁점포를 파악하라

잠재고객이 많은 유망 아이템이라 할지라도 경쟁점포가 너무 많다면, 해당 지역에서는 유망 아이템이 되기 어렵다. 아이템을 선정할 때는 두 가지를 먼저 고려해야 한다. 첫째, 동일하거나 유사한 경쟁점포 수와, 둘째로 경쟁점포들의 장점과 단점이다. 동일한 상권 내 경쟁점포 수가 많다면 이미 빨간 등이 켜진 것이라고 할 수 있다. 내 사업을 돋보이게 하기 위해서는 남들과 다른 차별화가 필요하다. 경쟁점포의 특징을 잘 분석하면 차별화를 위한 힌트를 얻을 수 있다.

(4) 공급처를 잘 확인하라

잘 팔리는 유망 아이템으로 시작해도 수요와 공급이 중요하다. 수요는 폭발하는데, 공급을 받지 못한다면 그 점포는 무용지물이 될 것이다. 본인의 주거 지역에 대게요리 전문점을 오픈한 한 창업주는 사업이 잘 되다가 문제가 발생했다. 대게의 공급가격이 갑자기 폭등한 것이다. 대게는 거의 수입산을 사용했는데, 공급지역의 사정에 따라 가격이 오르고 그나마 대게도 수요만큼 공급받지 못하였다. 따라서 업종 선정 시 경쟁력뿐만 아니라 적시에 적정가의 물량공급이 가능한지 공급처를 잘 알아보아야 한다.

(5) 법적 여부를 꼭 확인하라

인가와 허가를 필요로 하는 업종들이 많다. 이런 업종의 경우 관련 법령에서 규정한 의무조건들을 갖추도록 하고 있다. 특히, 인허가 업종은 업종마다 담당 행정기관이 달라 해당 사업의 인허가기관을 잘 파악하고, 인허가 요건 및 구비서류 등을 잘 준비해서 신청해야 한다. 가끔은 현재 규제가 따르지 않는 업종이라 할지라도 창업 시점에 규제가 있어 당황할 수도 있다. 특히, 학교 주변엔 규제가 많으니 창업자는 가장 먼저 자신이 희망하는 업종에 대한 인허가사항을 면밀히 검토해야 한다.

5. 창업 형태를 정하라

창업하기로 했다면, 창업 형태에 대한 고민에 직면하게 된다. 테이크아웃 커피전문점에서 커피 종류만 보더라도 가장 인기 있는 카페라테부터 커피 마니아를 위한 에스프레소까지 다양하다. 개별 고객의 다양한 욕구에 맞는 각각의 커피가 있듯이 창업자의 상황에 맞는 적절한 창업 형태가 있다.

(1) 독립 창업

독립 창업은 자신이 창업의 중심이 되어 차별화된 가게를 만들어 갈 수 있어 많은 창업자들이 이상적으로 생각하는 창업 형태이다. 하지만 독립 창업에 성공하기 위해서는 먼저 해당 분야에 대한 전문 기술이 있어야 하고 그 분야에서 오랜 경험을 쌓아야만 한다.

독립 창업의 가장 큰 장점은 창업 초기에 들어가는 인테리어와 시설집기 비용 등을 줄이고 자신만의 차별화된 점포를 열 수 있다는 것이다. 그러나 개성이 강한 차별화된 점포를 운영할 수 있는 대신 입지 선정부터 홍보, 직원관리까지 스스로 모든 운영을 맡아야 한다. 즉, 하나부터 열까지 모두 본인이 준비하고 완성해야 한다. 남들과 다른 독창성을 지니게 되지만 그만큼 많은 노력과 시간을 들여야만 한다.

(2) 전수 창업

전수 창업은 독립 창업과 프랜차이즈 창업의 중간 형태이다. 전수 창업이란, 음식의 맛과 운영 노하우 등 사업성이 검증된 성공 매장 또는 실력이 검증된 전문 조리사로부터 핵심 기술을 전수받아 창업하는 방법을 말한다. 이때 음식 맛과 운영 노하우를 전수받았다고 해서 반드시 성공이 보장되는 것은 아니다. 성공한 원조 매장에는 음식의 맛뿐만 아니라 고객의 서비스와 홍보, 차별화된 인테리어 등 여러 요인이 있음을 명심해야 한다. 또한 전수 창업은 성공한 음식점의 체계적인 영업 지도와 지속적인 관리를 받는 것이 아니라 음식 맛 혹은 핵심 조리 일부만 지원받는다는 단점도 있다.

(3) 프랜차이즈 창업

흔히 프랜차이즈 창업이라 부르는 가맹점 창업은 창업 형태 중 가장 많은 사람들이 택하게 되는 방법이다. 프랜차이즈 창업은 가맹점주가 가맹본사에 일정한 금액을 지불하고, 대신 가맹회사의 상호, 상표, 로고 등을 사용하여 가맹회사가 제시하는 일정한 품질기준이나 영업방식에 따라 상품 또는 용역을 판매하는 창업을 말한다.

프랜차이즈 창업은 가맹회사의 계약에 의해 창업이 되어 가맹금과 인테리어 비용 같은 초기 비용이 다소 높은 편이다. 또한 본사의 지도와 규제 및 통제도 있어 자유롭지 못하지만, 가게 입지 선정 및 홍보, 광고 및 판촉행사 등 본사의 지원을 받을 수 있기 때문에 초기에 안정적으로 운영할 수 있다. 하지만 지원을 받을 뿐 그 사업의 핵심기술과 노하우를 전수받는 것은 아니기 때문에 사업을 계속 영위하더라도 핵심기술에 대한 노하우는 쌓을 수 없다는 단점이 있다.

창업 형태 분석 비교

창업 형태	장점	단점
독립 창업	• 시장 변화에 대한 대처 능력이 높다. • 초기 투자비용을 줄일 수 있다.	제품 공급 및 물류 등에 대한 직접 이익이 낮다.
전수 창업	• 운영에 대한 핵심 노하우 일부를 지원받을 수 있다. • 초기 투자비용을 줄일 수 있다.	핵심 노하우의 일부를 지원받을 수 있지만 지속적인 관리와 지원을 받을 수 없다.
프랜차이즈 창업	• 운영에 대한 지식과 노하우를 지원받아 창업 실패율이 낮다. • 유명 상호, 상표를 사용할 수 있다.	• 초기 투자비용이 높고 규제와 통제가 있다. • 핵심 노하우 전수가 어렵다.

6. 상권 분석과 입지 선정

출퇴근길이나 집 주변, 학교 주변 등에서 흔히 말하는 대박 나는 가게를 종종 보면, 해당 지역 토박이로 점포를 운영하면서 해당 점포의 상가를 소유한 창업자가 있는 반면, 2~3개월을 넘기지 못하고 주인이 자주 바뀌는 가게가 있다.

이처럼 상권이나 입지를 분석할 때는 해당 상권의 향후 성장성에 대한 적절한 검토가 필요하다. 시대와 환경이 변하듯 상권과 입지도 수시로 변하기 때문이다. 상권 조사를 하기 위해서는 해당 지역에 대한 기본적인 정보 수집이 선행되어야 한다.

(1) 상권 분석 체크포인트

① 상권 규모는 어느 정도인가

나무만 보면 숲을 보지 못할 수 있다. 점포가 위치할 만한 상권에서부터 업종에 적합한 입지로 점차 좁혀가 본다. 상권 규모는 매출에 많은 영향을 미친다. 상권 규모를 알아보려면, 첫째로 인구밀도와 연령별 인구를 알아봐야 한다. 인구는 전체적인 인구수뿐만 아니라 인구의 증감 추이를 통해 향후의 상권 확대와 감소를 가늠해 볼 수 있다. 둘째는 소득 수준을 파악해야 한다. 고객의 수득 수준은 구매력과 매출에 영향을 미치기 때문이다.

② 도로망을 파악하라

도로망은 상권 형성에 중요한 역할을 한다. 도로 및 버스나 지하철 등의 대중교통 노선이 혼재된 장소, 주요 노선 버스 5대 이상이 정차하는 정류소 앞을 최고의 입지라 할 수 있다. 수도권의 경우 역세권을 중심으로 문화와 소비가 이루어진다. 특히, 사람이 많이 모이는 집객시설인 학교, 종합병원, 영화관, 전시장 같은 문화시설은 도로망을 따라 형성된다. 역세권의 경우 대학가나 오피스타운이 택지지구와 맞물려 있다면 최고라 할 수 있다.

③ 경쟁점포를 분석하라

경쟁점포의 입지 경쟁력은 물론 장단점과 현재 수익을 고려한 경제성까지 분석해야 한다. 경쟁점포의 경쟁력이 입지 경쟁력인지, 시설 경쟁력인지, 탁월한 서비스로 무장된 종업원 경쟁력인지 등을 필히 파악하고 있어야 한다. 특히, 경쟁점포를 운영하고 있는 사장이 지역 고객들과의 유대관계, 고객 및 지역 상인과의 친밀도 등이 어느 정도인지까지 파악해야만 한다.

(2) 입지 선정 시 체크포인트

① 주거 지역

주거 지역을 분석할 경우 세대수와 소득 수준을 알아야 한다. 가령, 세대수는 많으나 소득 수준이 낮은 경우, 대규모 단지라 할지라도 인근에 대형 상가나 백화점이 있는 경우 경쟁이 될 만한 업종을 피하는 지혜가 필요하다. 즉, 주거 지역에서 경쟁력을 가지려면 일정 규모의 구매력이 있는 소비자가 관건이다. 주거 지역은 생필품을 비롯한 일상생활에 밀착한 업종이 유망하다. 주거 지역은 탄탄한 배후지를 가지고 있어 안정적인 매출을 기대할 수 있어 여성이나 초보 창업자에게 적합하다.

② 오피스(사무실) 지역

대부분 오피스 상권은 먹거리 상권과 유흥업소가 혼재되어 있다. 그중 직장인을 상대로 하는 음식점은 입지보다는 맛이 더 중요하다. 맛이 알려지면 소문에 소문이 퍼져 고객들이 찾아오게 되어 있다. 오피스상권은 점심시간대는 물론 심야시간까지 직장인들의 유동성이 좋은 곳이다. 다종의 메뉴보다는 단일 메뉴로 다른 경쟁점포와 차별성을 두는 것도 좋다. 하지만 주 5일 근무제로 인해 토요일, 일요일과 공휴일의 매출이 적다는 것을 염두에 두어야 한다.

③ 학원가

학원가의 주 고객층은 학생과 직장인, 미취업자 등 다양한 계층이 있지만 소비나 지출은 비교적 적은 편이다. 이런 상권은 주머니 사정이 가벼운 사람들이 많고, 공부하며 쉬는 데 관련된 업종을 선택하는 것이 좋다. 추천 업종으로는 간단히 먹을 수 있는 분식점, 떡볶이 전문점, 호두과자, 테이크아웃 커피전문점 등이 무난하다.

④ 대학가

대학 정문 앞에서 200~300m 정도의 거리를 말한다. 강의를 마친 학생들이 대중교통을 이용하기 위해 걷는 거리 주변에 형성되어 있다. 학생들을 상대하므로 단가가 낮은 업종을 선택하는 것이 유리하다. 여대생들은 미용에 관심이 많으므로 미용실이나 화장품전문점들도 무난하다. 고려할 점은 방학기간이 약 4개월 정도 되므로 실제 영업기간은 매우 적은 편이다.

⑤ 코너 점포

여러 형태의 점포 중 가장 유리한 점포는 코너 점포다. 코너 점포는 고객의 시선에 잘 보이는 가시성이 월등하고, 매장으로의 고객 접근성도 매우 우수하다. 뿐만 아니라 다른 점포에 비해 외부 공간 활용도도 뛰어나다. 점포를 임대하거나 매매할 경우 손쉽게 물색할 수 있다는 장점이 있어 월세나 임차료가 비싼 편이다.

⑥ 북향의 점포

집은 자연채광이 드는 남향의 집을 선호하지만 상가점포는 북향이 좋다. 점포의 방향이 남향인 경우 겨울철을 제외하고는 오후 늦게까지 해가 지지 않고 햇볕이 든다. 햇볕이 창문에 반사돼 매장 안이 잘 보이지 않아 고객의 접근성이 떨어지며, 진열한 제품들이 햇볕에 상할 수 있다. 남향 점포에 비해 저녁장사를 한 시간 먼저 시작할 수 있는 북향 점포의 특성은 보이지 않는 경쟁력이다.

⑦ 보도 폭과 보행속도

점포 앞을 지나는 사람이 많아도 그들 모두가 고객이 되는 것은 아니다. 유동인구의 보행속도는 점포 앞의 보도 폭에 영향을 받는다. 점포 앞의 보도 폭은 넓으면 넓을수록 좋다. 좁은 길은 무의식중에 경쟁심리가 작용하여 발걸음이 빨라지는 반면, 3m 이상의 적당한 보도는 주위를 두리번거리며 구경할 수 있는 여유를 준다.

7. 준비과정의 세무 전략

창업 인구가 나날이 늘어나면서 창업에 대한 관심은 높은데, 가장 어려워하는 부분이 세무 부문이다. 많은 창업자들이 사업자등록이나 각종 신고로 정신 없는 와중에도 창업비용을 줄이는 데 노력하고 있다. 현명한 절세를 통해 창업 초기부터 창업까지 비용을 아낄 수 있는 방법을 체득해 보자.

(1) 사업자등록은 먼저 하라

업종에 관계없이 창업을 시작하기 전에는 반드시 사업자등록을 먼저 하는 것이 좋다. 창업 초기에는 건물 임대나 인테리어, 각종 물품 구입으로 많은 비용이 소모되는데, 사업자등록을 했을 경우 이 비용에 포함된 부가세 10%를 공제받을 수 있다. 사업자등록은 사업 시작일로부터 20일 이내에 홈택스 홈페이지에서 가능하고, 등록하지 않을 경우 가산세가 부과될 수 있다.

(2) 4대 보험을 꼭 가입하라

4대 보험이란 국민연금, 건강보험, 고용보험, 산재보험을 말하는데, 직원을 고용할 경우 반드시 4대 보험을 가입하는 것이 좋다. 창업을 한 후 규모가 커지다 보면 인건비 지출이 큰 부담으로 다가온다. 일부 대표자들은 비용 절감을 통해 아르바이트생의 4대 보험료를 지불하지 않는 경우가 종종 있는데, 실제로는 4대 보험료를 지불하고 이 비용에 대한 절세 처리를 하는 것이 이득일 수 있다.

(3) 지출비용의 '증빙자료'를 챙겨라

인건비를 처리할 때는 '급여명세서', 세금을 낼 때는 '세금계산서' 등 사업과 관련된 금액을 지출할 경우 그에 따른 증빙자료를 보관하여야 한다. 내야 하는 세금을 확인하고 아끼기 위해서는 이런 증빙자료를 잘 모아두는 습관이 중요하다. 매달 내는 통신비나 전기요금, 가스요금 등 전부 비용처리를 통해 절세혜택을 받을 수 있다.

(4) 모든 수입과 지출은 장부에 기록하라

소득금액을 결정하는 방법은 기장과 정부가 정한 추계에 의해 나뉘는데, 기장이란 세금계산서와 영수증 등 증빙서류를 근거로 직접 장부에 기록하는 것을 말한다. 기장은 손실이 발생했을 때에 도움이 된다. 사업 중 발생한 손실액을 증명할 수 있는 증빙자료가 있는 경우 해당 금액만큼 10년 동안 발생하는 소득에서 공제받을 수 있다. 또한 전년 매출액이 4,800만 원 이상인 사업자의 경우 기장을 해놓지 않으면 가산세가 적용된다.

chapter

03

창업의 시작

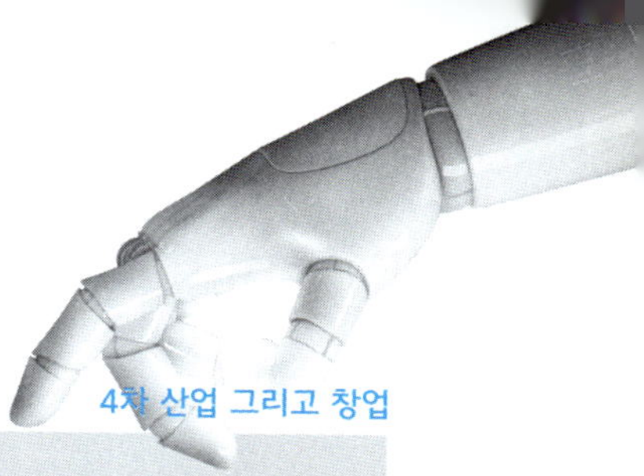

chapter

03 창업의 시작

1. 창업 절차

창업의 착실한 준비는 아무리 강조해도 지나치지 않는다. 창업을 준비하는 많은 이들이 주변의 조언이나 약간의 조사 정도에 그치는 경우가 많다. 예를 들면, 요식업을 창업하려는데, 상권 분석을 하지 않는다거나, 제품 판매를 하려는데, 수요조사를 하지 않는 것은 매우 위험한 일이다. 따라서 창업을 시작하기 전 철저한 준비와 점검은 아무리 강조해도 지나치지 않다.

내가 창업을 하면 반드시 성공할 것이라는 막연한 자신감은 실패의 지름길이다. 우리나라 자영업자의 60%가 3년 이내에 폐업한다는 것이 현실이지만, 이를 뒤집어 보면 40%는 3년을 지나 성공할 가능성이 높아진다는 것이다. 청년 창업자라면 성공과 실패를 떠나서 많은 경험을 쌓을 수 있을 것이다. 실패로 얻는 경험도 값진 것이나 성공으로 얻는 보상에 비할 수는 없을 것이다. 창업 준비 절차의 단계는 다음과 같다.

창업 준비 절차

절차	체크사항
환경 분석 단계	창업자의 성격, 전문성 등 내부 환경 분석 및 사회, 제도, 트렌드 등 외부 환경 분석
아이템 선정 단계	아이템 개발 및 아이템 조사방법
타당성 분석 단계	상품성, 시장성, 수익성, 안정성 검토를 위한 SWOT 분석
시장조사 단계	• 경쟁상품이나 대체상품에 대한 시장 규모 • 경쟁사에 비한 장·단점 분석 및 수요 분석

절차	체크사항
입지분석 단계	상권 분석, 입지 선정 준비
자금계획 단계	자기자본금, 금융기관 대출, 투자자 확보 등
사업계획서 단계	조사 및 분석자료를 토대로 한 최종 계획 수립
사업장 단계	사업장 준비, 직원 채용계획
세무·행정 단계	행정적인 등록, 신고 항목 및 절차

(1) 환경 분석

① 내부 환경

창업 준비 시 고려해야 할 내부 환경으로는 창업자의 성격, 성향, 전문 분야, 경험 등을 들 수 있다. 자신의 성격이 소심하거나 내성적이라고 창업에 불리한 것은 아니다. 자신의 성향에 맞는 분야에서 창업을 하면 되고, 또 자신의 단점을 보완해 줄 동업자나 직원을 고용하면 된다. 자신이 관심을 갖고 있는 분야나 전문지식을 가지고 있는 분야에서 창업을 하는 것이 성공할 확률이 높다. 창업 전에 이런 분야에서 취업이나 아르바이트를 통해 미리 경험을 쌓고 시작하는 것도 많은 도움이 된다.

② 외부 환경

창업 준비 시 고려해야 할 외부환경으로는 사회, 제도, 트렌드 등을 들 수 있다. 자신이 창업하려고 하는 분야가 사회적이나 법적으로 문제가 없는지, 어려움은 없는지 반드시 고려하여야 한다. 국가에서 제도적으로 지원하는 부분이 있는지도 알아봐야 한다. 유형을 타지 않는 정형화된 분야도 있지만 트렌디한 분야에서 창업을 하고자 한다면 이에 대한 조사도 반드시 필요하다.

2. 아이템 선정

아이템 선정의 중요성은 아무리 강조해도 지나치지 않는다. 다만, 유용한 아이템이라 해도 자신에게 맞지 않는다면 실패하기 쉽다는 것을 명심해야 한다. 아이템은 그 자체도 중요하지만 창업과 자신의 환경에 적합해야만 비로소 빛을 발하게 되는 것이다. 기존 아이템을 벤치마킹하거나 새로운 아이템을 만들어 낼 수 있다. 벤치마킹의 경우 표절이나 복제와의 구분이 모호할 수 있으나, 원 아이템과의 명확한 차별성을 가지고 추진하면 된다.

아이템 선정 주요 포인트

구분	주요 내용
아이덴티티	• 고객이 해당 아이템에 대한 어떤 이미지를 갖게 될 것인가 고민한다. • 고객에게 아이덴티티를 심어주기 위한 노력을 생각한다.
라이프사이클	• 해당 아이템의 현재 시장에서의 위치를 도입기, 성장기, 성숙기, 쇠퇴기로 나누어 어떤 위치에 속해 있는가를 판단한다. • 쇠퇴기라 해서 무조건 피해야 하는 것은 아니다. 쇠퇴기에는 많은 경쟁자들이 시장에서 철수하기 때문에 오히려 수익성이 좋을 수 있다.
히스토리	아이템의 발생 동기, 시대 배경, 고객 선호도 등 역사적인 내용을 정리한다. 보다 높은 존재가치를 부여할 수 있고, 소비자들과의 유대감을 형성할 수 있다.
구체화	추상적인 개념을 현실화시킨다. 좋은 제품을 언제, 누구에게, 어떻게 많이 판다든가 하는 식으로 구체화, 계량화를 시킨다.
스토리텔링	아이템의 스토리를 만든다. 이 제품이나 서비스가 어떻게 나오게 되었고 어떤 환경에서 만들어졌는지도 훌륭한 스토리가 된다.

3. 타당성 분석

(1) 타당성 분석의 이해

아이템을 선정했으면 상품성, 시장성, 안정성 등 사업타당성을 분석하여야 한다. 타당성 분석은 사업 실패요인을 사전에 제거하고 사업 성공 전략을 마련하여 창업의 성공 가능성을 높여준다. 또한 시간을 절약할 수 있고 비용을 절감할 수 있어 효율적인 창업 업무를 수행할 수 있도록 한다. 체계적인 접근과 인력 규모를 산정하여 효율적인 경영을 도모할 수 있다. 또한 사업 전반에 대한 관련 사전지식을 얻을 수 있어 사업에 대한 체계적인 지식을 습득할 수 있다.

(2) 타당성 분석 흐름도

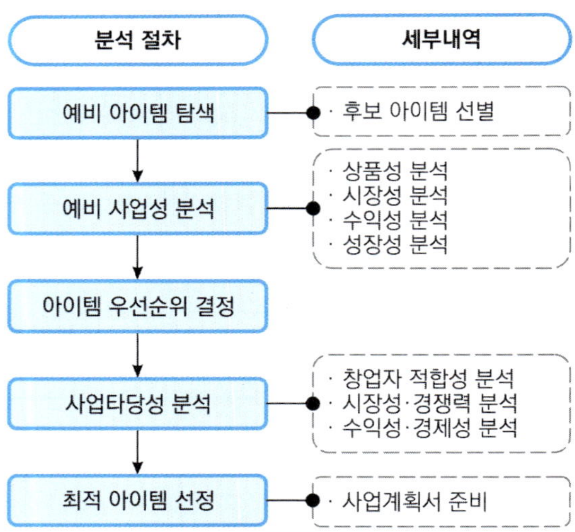

〈사업 타당성 분석 흐름도〉

사업타당성 분석은 사업 시행 전에 성공 가능성을 합리적으로 분석 평가하는 과정으로 그 절차는 우선 후보 창업 아이템을 탐색하고 이 아이템들에 대한 예비사업성 분석을 통해 선별과정을 거친다. 이 작업을 통해 후보 아이템을 비교 평가하여 우선순위를 결정하고 성공 가능성이 희박한 아이템들은 과감하게 버리고 가장 우수한 최적 아이템을 선정한다.

(3) 타당성 평가요소

창업타당성을 평가하는 요소는 창업자의 사업 수행 능력, 아이템의 시장성과 경쟁력, 수익성 및 성장성이며 세부 항목은 다음과 같다.

타당성 평가요소

평가요소	세부 항목
창업자의 사업 수행 능력 및 적합성	• 창업자의 적성과 자질 • 창업자의 리더십, 결단력
시장 경쟁력과 성장성	• 해당 아이템에 대한 고객 선호도 • 상품에 대한 라이프사이클 분석 • 잠재고객의 증가 추세 • 경쟁상품의 출현 가능성
수익성과 경제성	• 예상 매출 및 수익 전망 • 투자수익 및 손익분기점 분석 • 시장 규모와 시장 점유율
자금 수급 및 위험성	• 소요자금의 규모 및 조달 가능성 • 차입금 상환 능력 검토 • 해당 사업에 대한 리스크 요인 검토

① 사업 수행 능력 및 적합성

창업의 성패는 창업자가 계획한 사업에 대한 수행 능력과 자질 그리고 해당 업종에 대한 적합성에 의거해서 평가할 수 있다. 개인이나 기업이나 어떤 사업에 대한 성공과 실패는 가장 중요한 인적 요인에 의해서 좌우된다. 창업의 성공 여부도 결국은 창업자의 능력과 자질이 어느 정도가 되느냐에 따라 결정되는데, 특히 신규 창업의 경우 창업자의 계획 사업 수행 능력과 앞으로 경영하고자 하는 업종에 대한 경험, 지식 및 관련성이 핵심요소가 아닐 수 없다.

사업을 성공적으로 이끌기 위해서는 창업 분야에 관련된 선행지식이나 경험 그리고 환경 변화에 대처할 수 있는 능력 이외에 창업자의 결단력, 책임감, 의지력 및 조직을 이끌어 나갈 수 있는 리더십이 중요한 요소라 할 수 있다.

② 시장 경쟁력과 성장성

시장 경쟁력 분석이란 사업을 시작하기 전에 해당 상품 또는 서비스 시장의 크기는 어느 정도인지, 성장 잠재력과 유사상품의 수요 추이는 어떠했는지를 분석해 보는 것인데, 해당 아이템에 대한 고객 선호도와 반응은 어느 정도인지, 상품 품질이 시장에서 기존 상품과 경쟁에서 우위를 점할 수 있는 경쟁력 정도를 파악하는 것이다.

아무리 좋은 상품을 만든다고 하더라도 해당 상품이 시장에서 판매되지 않는다면 사업의 의미가 없을 것이다. 시장 경쟁력 분석의 최종 목적은 앞으로 생산 예정인 상품이나 서비스가 시장에서 얼마나 팔릴 것인가, 향후 증가 추세는 어떻게 변할 것인가 등 사업성패를 사전에 판단할 수 있는 중요한 정보를 얻는 것이라 할 수 있다.

③ 수익성과 경제성

수익성과 경제성 분석은 계획한 사업을 통해 실현 가능한 모든 수익과 비용자료를 추정하고 분석 검토하는 것을 말한다. 계획한 아이템이 성공적으로 생산되어 예상된 적정 판매량이 실현된다 하더라도 적정 수익을 실현하지 못한다면 그 사업은 결국 성공 가능성이 없는 것으로 판정되므로 사업의 경제성 평가는 새로운 계획사업의 타당성 여부를 판단하는 기준이 된다.

수익성 분석은 손익분기점이 매우 중요한 결정요인이 되는데, 창업에 있어서의 손익분기점에 해당하는 시점은 상당히 중요한 의미를 갖는다. 왜냐하면 손익분기점을 무사히 넘겼을 때 기업이 비로소 정상궤도에 진입하여 본격적인 이익을 창출할 수 있는 시점이 되기 때문이다.

④ 자금 수급 능력과 위험요인

자금 수급 및 조달 능력은 창업 아이템이 시장성과 수익성이 있는 사업이라도 그 사업에 필요한 적정 자금 규모는 어느 정도이며, 자금을 적기에 차질 없이 조달할 수 있는지 그리고 조달된 자금을 상환조건과 기간에 따라 원만하게 상환할 수 있는지 여부를 검토하는 것이다.

차입금으로 자금을 조달할 경우는 상환 능력을 검토하여야 하는데, 차입금 상환계획을 소홀히 할 경우 상환기간이 일시적으로 도래하는 상황이 발생할 때는 사업이 큰 곤경에 처할 수 있다. 사업 위험요인 분석은 사업의 성패에 결정적인 영향을 미치는 사업타당성 분석의 최종 단계라 할 수 있다.

4. 시장조사

(1) 시장조사

아무리 좋은 아이템이라도 수요가 없다면 아무 소용이 없을 것이다. 100개의 수요를 가진 시장에 500개를 내놓게 되면 400개의 손실을 본다. 이와 같이 시장조사는 창업 초기에 가장 중요한 준비 단계이다. 시장조사는 과거와 현재 자료를 조사하고 분석하여 미래를 예측하여 사업 전략을 수립하는 활동이다. 구체적으로 목표시장, 경쟁사, 기업 환경 등에 대한 자료를 수집하여 분석하는 작업이다.

시장조사는 1차 조사와 2차 조사로 나눌 수 있는데, 1차 조사는 아이템에 대한 목표구매자, 현재 구매자의 패턴, 특징에 대한 자료를 수집하고 분석하는 것을 말하고, 2차 조사는 관련 서적이나 자료를 통해 조사하는 것으로 1차 조사보다 낮은 비용으로 조사할 수 있다. 현재는 인터넷의 발달로 많은 데이터를 수집할 수 있지만 깊이 있는 자료를 구하기는 쉽지 않다. 따라서 고객층에 대한 설문이나 탐방 등으로 충분하고 실질적인 자료를 얻는 것이 좋다.

(2) 시장조사방법

조사방법	주요 내용
질적 조사	심층면접, 그룹토론, 전문가 상담
양적 조사	개별면접, 전화면접, 우편 질문지 방법
응용조사	제품이나 서비스에 대한 조사, 인지도, 차별성, 라이프스타일 등
여론조사	몇 개의 정해진 질문을 배포, 조사(SNS, 인터넷 등)
방법론조사	설문을 통해 이론조사 및 분석

5. 자금

(1) 자금계획의 예측

자금계획은 창업자들이 가장 난관에 빠지는 단계이다. 자금력이 충분하다면 사업 초기에 어느 정도 여유 있게 사업을 운영할 수 있지만 투자를 유치하거나 대출계획을 세운다면, 자금 소요 예측을 정확하게 해야 하기 때문이다.

청년창업의 경우 정부나 단체에서 창업자금을 지원해 주는 프로그램을 적극 이용하는 것도 바람직하다. 자금 지원의 경우 낮은 금리로 대출을 지원하는 형태나 사업자금을 투자하는 형태가 있는데, 어떤 것이 자신에게 유리할 것인가를 잘 살펴봐야 한다.

초기 자금을 정확하게 예측하게 되면 자금조달에 대한 부담을 적게 할 수 있다. 항목별로 창업에 필요한 자금을 계산하고 자금계획을 세워본다. 특히, 소요자금표의 작성이 중요한데, 소요자금 현황을 작성하다보면 생각하지 못했던 부분을 발견할 수 있고, 보다 정확하게 자금 예측을 할 수 있기 때문이다.

(2) 주요 소요자금

소요자금	세부 소요자금
시설자금	사무실, 점포, 공장 등의 보증금과 권리금, 인테리어비, 집기류, 가전, 각종 사무용품 구입비, 시설 장비비
운전자금	홍보비, 초도 상품비, 제품 제작비, 임차료, 관리비, 인건비, 운영비
예비자금	통상 시설자금과 운전자금의 10~20% 수준

6. 사업계획서

창업 아이템 선정, 타당성 분석, 시장조사, 자금계획 등이 세워졌다면 이를 토대로 사업계획서를 작성하여야 한다. 사업계획서는 사업 전반에 대한 검토용으로도 필요하지만 자금 조달을 위한 용도로도 중요하다. 정책자금이나 대출, 투자 심사용으로 사업계획서가 많은 부분을 차지하기 때문이다. 사업계획서는 한번 작성하고 끝나는 것이 아니라 사업을 계속 진행하면서 보완해 나가야 한다.

(1) 사업계획서 작성

사업계획서는 사업 아이템부터 사업의 특성, 사업 형태, 자금계획 및 사업추진 일정 등 세부적인 설명이 구체적으로 포함되어야 한다.

① 사업계획서는 자신감 있고 명료하게 작성하여야 한다

'무엇을 할 것 같다'라는 표현보다는 '무엇이다'라는 표현이 사업계획서를 읽는 사람에게 신뢰감을 줄 수 있다. 전문용어를 피하고 명료하게 작성하는 것이 중요하다.

② 핵심 서비스나 기술을 강조하고 부가적인 것은 과감히 생략한다

'여러 가지를 할 수 있다'라기보다는 한 가지라도 제대로 할 수 있다는 것을 전달하는 것이 중요하다.

③ 향후 가능성과 잠재력에 대해 강조한다

당장의 이익도 중요하지만 대부분 향후 가능성과 잠재력을 중요시한다. 객관성을 가지고 충분한 근거에 의해 기업의 비전을 보여주어야 한다.

④ 위기 대처 능력을 보여준다

사업의 장점만을 늘어놓지 말고 단점이나 위험성에 대해서도 언급하되 해결책을 제시한다.

⑤ 실현 가능한 계획을 세운다

기술적인 면이나 자금조달 면에서 충분히 검토하고 실현 가능한 계획을 세운다.

사업계획서 주요 내용

사업계획	주요 세부 내용
사업의 개요	• 창업의 개요와 사업타당성 및 강점 • 창업의 업종, 업태 및 운영계획에 대한 개요
사업의 형태	• 개인 또는 법인사업자와 회사의 형태 • 회사의 경우 출자자와 출자비율
시장 현황 및 특성	• 사업장의 입지 및 점포확보 계획 • 상권의 특성과 경쟁상대의 현황 및 특징 • 시장규모 및 향후 전망과 SWOT 분석
자금조달 및 운용	• 창업 소요자금, 조달 및 운용에 관한 계획 • 운전자금의 조달, 운용 및 차입금 상환계획
사업추진계획	• 조직 및 인원계획, 제품조달 및 생산계획 • 마케팅 및 판매계획, 사업추진 일정계획
재무 현황	• 예상 수익과 비용 계산에 관한 사항 • 추정 손익계산서, 판매 및 일반관리비 명세서

7. 사업장(임차)

사업계획서 작성 후 초기 자본이 준비되었거나 준비될 예정이라면 사업장을 준비해야 한다. 서비스업이나 요식업과 같이 사업장 위치가 상대적으로 중요한 업종은 상권 분석과 입지 선정이 미리 이루어져야 한다. 반면, 제조업의 경우는 상권 같은 요소보다는 제도적인 문제나 물류 편의성 등을 고려해야 한다. 특히, 지방자치단체나 각종 협회, 정부에서 운영하는 창업지원센터의 경우 좋은 조적의 사업장을 저렴하게 임대하고 있으니 관련 정보를 찾아보는 것이 좋다.

(1) 상권 분석과 입지 선정

상권 분석은 원하는 업종의 해당 지역의 시장성을 분석하는 것을 말한다. 유동인구와 연령대, 소득 구분 등 기본적인 자료 외에도 동종업종의 매출이나 수익 분석, 경쟁업소 분석, 점포 평균수명 등 기술적인 분석도 필요하다. 개인이 분석하기에는 다소 전문적인 부분이 많기 때문에 전문업체에 컨설팅을 맡기기도 한다. 해당 지역의 상권 분석과 더불어 원하는 사업장의 입지 분석이 필요한데, 위치와 규모, 상가 구조, 내부 구조, 시설 등 사용상의 문제점을 잘 검토해야 한다.

상권 분석과 입지 선정은 상대적인 면이 크다. 어느 업종에 좋은 상권이라 할지라도 내가 선택한 업종에는 맞지 않는 경우가 많다. 특히, 프랜차이즈 본사나 컨설팅업체만 믿고 자신이 사업할 사업장에 대해 전혀 조사하지 않으면 큰 낭패를 본다. 컨설팅자료를 참고하여 직접 확인해야 실패를 줄일 수 있다.

(2) 임대차계약 시 유의점

자신이 소유한 사업장이 아니라면 임차를 해야 하고 임대차계약을 맺어야 한다. 보통 공인중개사를 통해 진행을 하면 크게 문제될 것이 없지만, 계약 전에 등기부등본을 열람하여 문제가 없는지 확인하는 것이 좋다. 등기부등본은 인터넷을 이용하여

대법원 인터넷 등기소에 접속하면 일정 비용을 지불하고 쉽게 열람할 수 있다.

계약 후에는 주택 임차의 경우와 마찬가지로 확정일자를 받아두는 것이 좋다. 건물의 경매 등이 진행될 경우 후순위 권리자에 우선하여 보증금 반환의 권리가 생기게 된다. 확정일자 신고는 임대차계약서 원본, 사업자등록증 원본, 사업장 도면, 신분증을 지참하고 주민센터를 방문하면 된다.

입지 선정 평가기준

구분	내용
접근 가능성	관할 상권 주변에 있는 고객을 나의 점포로 끌어들일 수 있는 가능성
성장 가능성	인구 증가 및 소득 수준 향상으로 시장 규모와 매출액이 성장할 가능성
중간 저지성	기존 점포가 중간에 위치하여 나의 점포로 오는 고객이 차단되는 정도
경쟁 회피성	신규 입점이나 기존 점포와의 경쟁에서 우위를 확보할 수 있는 정도
잠재력	관할 상권 내에서 취급하는 상품, 점포 또는 단지의 수익성 확보 가능성
흡인력	점포, 사무실, 문화시설 등이 인접해 있어 고객을 유인할 수 있는 가능성
양립성	상호 보완관계가 있는 점포가 위치하고 있어 흡입될 수 있는 고객 정도
경제성	입지의 가격 및 비용 등을 충당하고 가능한 수익성 및 생산성 정도

8. 경영관리

사업장 임대차계약이 끝나고 창업 준비가 완료되면 사업자등록 등 각종 신고 및 허가 절차를 받아야 한다. 본인의 업종이 신고제인지 허가제인지 미리 확인을 해서 추후에 불이익이 없도록 한다. 현재는 각종 신고 절차가 간편해져서 특별한 업종이 아니면 본인이 직접 세무서나 행정기관을 방문해서 처리하는 데 크게 문제가 없다. 개인사업자가 아닌 법인사업자의 경우 법인 등기를 해야 하는 복잡한 면이 있어 법무사나 세무사의 도움을 받는 것이 좋다.

(1) 개입사업자와 법인사업자

대부분 창업은 시작이 쉽고 절차가 간단한 개인사업자로 등록하는 경우가 많으며, 이를 권장한다. 다만, 사업이 잘 되고 매출이 오르면 개입사업자의 세금은 높아지기 때문에 법인업자로 전환하면 세금을 줄일 수 있다. 최근에는 법이 개정되어 1인 법인 설립도 가능해진 만큼 소득 규모와 사업 성격에 따라 처음부터 법인 설립을 하는 이들도 있다. 개인사업자에서 법인사업자로의 전환은 모든 비용을 다 제외한 순이익금이 1억 원을 초과한다면 적극 고려하여야 한다.

(2) 사업자 등록

사업을 시작하는 데 가장 기본이 되는 신고 절차이다. 개인사업자의 경우 임대차계약서, 신분증만 지참하고 사업장 소재지의 세무서를 방문하여 신고하면 대부분 당일에 발급받을 수 있다. 자신이 하고자 하는 업종과 업태, 임차한 사업장의 주소, 보증금, 월세, 계약기간, 면적, 임대인의 사업자등록번호 등이 주된 신고사항이다. 자신이 살고 있는 집을 사업장으로 신고할 수도 있다. 사업자등록을 하게 되면 사업자등록번호를 받게 되는데, 이는 사람의 경우 주민등록번호와 같다고 보면 된다. 폐업하기 전까지는 주소나 대표자가 바뀌어도 사업자등록번호는 바뀌지 않는다.

(3) 세무업무

사업이 개시되면 세금계산서, 현금영수증, 근로자나 사업자의 소득세 원천징수납부, 주민세 납부, 부가가치세 신고, 4대 보험 처리 등 여러 가지 세무 관련 업무를 처리해야 한다. 혼자서 처리하기보다는 회계담당자를 고용하거나 담당 세무사를 선정하여 세무 관련 업무를 담당하게 하는 것이 효율적인데, 어느 정도 세무지식이 있다면 홈텍스, 위텍스, 사회보험징수 포털 사이트 등을 이용하여 직접 처리하는 것도 가능하다. 개입사업자의 경우 간편 장부 등 세무 업무를 보다 쉽게 처리할 수 있는 제도적 기반이 마련되어 있다.

(4) 직원 채용

① 채용 관련 서류

근로계약은 반드시 서면으로 계약할 의무는 없으나 향후 분쟁을 예방하기 위해 서면으로 작성하는 것이 좋다. 10인 이상 근로자를 고용하는 사업장은 취업규칙을 작성하여 관할 지방노동사무소에 신고해야 한다.

- 근로계약서
- 서약서 : 회사의 취업규칙과 규정을 준수할 것과 회사의 기밀 유지를 서약
- 신원보증서 : 서울보증보험에서 발급
- 이력서 또는 인사기록카드
- 주민등록등본 또는 가족관계 확인서
- 개인 신용정보 제공 동의서

② 보존 관련 서류(3년)

- 근로자 명부 및 근로계약서
- 급여관리대장(출근카드, 업무일지 등)
- 제반 임금 서류 : 지급방법 및 임금 계산의 근거자료

• 고용, 해고, 퇴직에 대한 서류

③ 근로시간(2018. 7. 1)

• 1주간의 근로시간은 휴게시간을 제외하고 40시간을 초과할 수 없다.
• 1주간의 근로시간은 연장근로시간을 포함하여 52시간을 초과할 수 없다.
• 1일의 근로시간은 휴게시간을 제외하고 8시간을 초과할 수 없다.
• 1일 중 연장근로는 가능하나 1주에 12시간 초과를 할 수 없다.

chapter

04

4차 산업혁명 그리고 창업

chapter 04 4차 산업혁명 그리고 창업

세상은 우리가 생각하는 것보다 더 빠르게 변화하고 있다. 산업혁명이란 쉽게 이야기하면 기술혁신으로 인한 사회・경제 구조의 변화를 뜻하는데, 산업혁명을 이해하는 가장 쉬운 방법은 제조공정의 변화로 이해하면 된다. 최근 우리가 맞이할 4차 산업의 10년의 변화는 과거 우리 조상들이 겪었던 100년의 변화보다 더 빠르고 다이내믹하게 다가올 것이다.

1. 산업혁명의 역사

(1) 1차 산업혁명

1차 산업혁명은 와트의 증기기관 발명과 함께 1760년대 영국에서 시작하였다. 영국은 다른 나라보다 일찍 봉건제도가 해체되었고 정치적으로 자유로운 농민층이 생기면서 이 노동자들이 농업이 아닌 생산직으로 많이 몰리게 되었다. 그러면서 자연적으로 모직물(양털)을 이용한 산업이 발달했는데, 18세기에 들어서면서 영국에 면직물 수요가 급증하자 와트의 증기기관을 계량하여 면직물을 대량 생산할 수 있는 공장이 만들어지고 면직물 생산의 제조공정이 완전히 바뀌게 되면서 대량생산이 가능하게 되었다.

기존의 생산방식의 경우 1명이서 옷 하나를 만드는 데 며칠이 걸렸으나 증기기관이라는 신기술과 방식을 이용하여 만든 대량생산기계는 단기간에 대량생산이라는 획기적인 결과를 낳았고 대량생산체제로 제조공정이 완전히 바뀌게 되는데 이것을 흔히 1차 산업혁명이라고 이야기한다.

기계를 이용한 면직공장

(2) 2차 산업혁명

2차 산업혁명은 흔히 전기혁명이라고 하는데, 1860~1900년대까지 전기의 발명과 그로 인한 생산공정의 변화로 소비재가 대량으로 생산되었고, 인류의 삶에 많은 영향을 끼치게 되었다. 전기로 인한 생산공정의 변화는 식품을 비롯하여 의류, 가공, 넓게는 운송수단까지 영향을 주었다. 2차 산업혁명을 주도했던 회사는 미국의 자동차 회사인 포드사로서 전기를 이용해 차를 대량으로 생산하였고, 수요 공급의 원칙에 따라 차를 대량생산함으로써 좀 더 저렴한 방식으로 자동차를 공급하게 되어 이 공급은 추후 운송수단에까지 영향을 주었다.

자동차의 대량생산

원래 기존의 자동차 생산방식은 부품을 쌓아놓고 사람이 직접 조립하는 방식이었는데, 전기의 발명으로 인해 제조공정이 컨베이어 방식으로 바뀌게 되면서 컨베이어 벨트가 움직이고 사람은 그 앞에 서서 분업화 식으로 하는 생산공정이 바뀌게 되었다. 이것을 포드주의적 생산방식이라고도 하며 이 제조방식으로 인해 소품종 대량생산이 가능하게 되었다.

소품종 대량생산은 예전에 상상도 할 수 없던 물질적 풍요를 가져오게 되었다. 우리가 요즘 쉽게 접할 수 있는 옷이나 신발 등도 이 대량생산 제조공정 덕분에 쉽게 살 수 있었다. 이 소품종 대량생산은 컨베이어 벨트가 필수적인 요소였다. 2차 산업혁명의 핵심은 역시 전기의 발명이다.

컨베이어 벨트에 의한 대량생산

(3) 3차 산업혁명

3차 산업혁명은 정보화혁명이라고도 하는데, 이 혁명의 중심은 컴퓨터이다. 컴퓨터가 생기면서 정보화혁명이 시작된 것인데, 이로 인해 노동자도 많은 변화를 가져왔다. 기존에 노동자라 하면 육체노동이 대부분이었으나 이제는 사무직 노동자가 생기게 되었다. 또한 컴퓨터가 생기면서 인터넷이 발달하였고 이는 무한한 정보를 제공하면서 정보통신이 발달하게 되고 컴퓨터 제어가 자동화되었다. 그러면서 좀 더 적은 인원으로 많은 생산이 가능하게 되었다. 3차 산업혁명으로 제조공정에서 많은 부분이 자동화되었고 적은 노동력으로 생산성에 많은 향상을 이루게 된 것이다. 특히, 인터넷의 발달과 스마트폰 모바일이 확산되면서 정보화혁명이라 불리는 시대가 되었다.

컴퓨터를 활용한 제어장치

(4) 4차 산업혁명

4차 산업혁명의 사전적 의미를 보면 인공지능, 사물인터넷, 빅데이터 등 첨단 정보통신기술이 경제, 사회적 전반에 융합되어 혁신적인 변화가 나타나는 차세대 산업혁명이다. 4차 산업혁명의 시작은 독일의 Industry에서 처음 시작되었다. 흔히들 4차 산업혁명을 알파고나 무인자동차라고만 알고 있으나 그 시작은 독일의 한 공장에서 시작하였다.

이 공장과 기존 공장의 차이를 보면, 기존 공장은 컨베이어를 기반으로 하는 생산공정을 가지고 있었는데, 이 시스템은 기존의 생산시스템을 완벽히 자동화하는 시스템으로 생산 현장을 변화시켰다. 예를 들어, 신발공장에서 신발을 50만 켤레 만드는데 인원이 500명 정도 필요했다면 지금은 10명 정도만 있어도 충분히 가능해졌다. 이것은 노동시장에 엄청난 격변을 예고하고 있었다. 기존에 대기업 제조공장들은 생산비를 줄이기 위해 노동력이 싼 시장에 공장을 건립하여 생산하였는데, 지금은 소수의 전문 인력으로 대량 생산이 가능해진 것이다.

컴퓨터와 로봇 시스템을 중심으로 운영되는 테슬라 자동차 조립 공장

기존의 산업혁명과 4차 산업혁명의 차이점은 4차 산업혁명이 선진국들에게 유리한 혁명이라는 것이다. 기존의 산업혁명은 개발도상국가에게 유리한 혁명이었다. 값싼 노동력을 가진 국가들은 산업혁명을 이용하여 제조공정을 통해 대량생산이 가능하면서 물질의 풍요를 이루었으나 4차 산업혁명은 노동력이 아닌 제조업과 정보화가 잘 정비된 국가에게 매우 유리한 혁명이기 때문에 나라 간의 격차는 더욱 벌어질 수밖에 없을 것으로 보았다. 한국의 경우도 제조업과 IT가 강한 강국이기 때문에 4차 산업혁명에서 유리한 고지를 점령하고 있다.

4차 산업혁명의 핵심 키워드는 융합과 연결이다. 정보통신기술의 발달로 전 세계적인 소통이 가능해지고 개별적으로 발달한 각종 기술의 원활한 융합을 가능하게 한다. 정보통신기술과 제조업, 바이오산업 등 다양한 산업 분야에서 이루어지는 연결과 융합은 새로운 부가가치를 창출해 낸다. 예를 들면, 최근 애플 워치, 삼성 기어가 유행이었는데, 이와 같은 스마트워치는 '하루에 잠은 얼마나 자는지', '밥은 무엇을 먹는지' 등 사람의 신체 활동 데이터를 축적한다. 스마트워치는 데이터를 스마트폰뿐만 아니라 냉장고, 전등, 텔레비전 등 다양한 기기들과 공유해서, 데이터가 축적되면 특정한 패턴이 형성되는 것이다.

또한 이 패턴의 분석 결과를 토대로 사람들의 행동을 예측하고, 기업들은 예측 결과를 바탕으로 소비자의 특성에 맞는 물건들을 생산해 낸다. 이처럼 4차 산업혁명의 특징은 초연결성, 초지능성, 예측 가능성을 가지고 있다. 사람과 사물, 사물과 사물이 인터넷 통신망으로 연결되고, 초연결성으로 비롯된 막대한 데이터를 분석하여 일정한 패턴을 파악(초지능성)하고, 분석 결과를 토대로 인간의 행동을 예측(예측 가능성)하는 일련의 단계를 통해 새로운 가치를 창출해 내는 것이 바로 4차 산업혁명의 특징이다.

산업혁명의 발전사

구분	시기	주요 발전 및 산업화
1차 산업혁명	18세기	증기기관 기반의 기계화 혁명
2차 산업혁명	19~20세기	공장에 전력 보급, 컨베이어 벨트를 사용한 대량생산
3차 산업혁명	20세기 후반	컴퓨터와 인터넷의 발달, 자동화와 정보화 시대
4차 산업혁명	2015~	정보통신기술의 융합을 통한 차세대 산업혁명

2. 4차 산업혁명의 새로운 기술

산업혁명은 새로운 기술이 등장하여 산업의 형태를 변화시키고 그에 따라 사회의 모습이 변화하는 현상인데, 4차 산업혁명의 새로운 기술 중심에는 3차 산업혁명을 이끈 정보통신기술을 바탕으로 등장한 정보기술과 인공지능기술이 합쳐진 지능정보기술이 있다. 4차 산업혁명의 주요 핵심기술에 대한 내용은 많이 있지만 그 중 특징적인 것은 다음과 같다.

(1) 로봇혁명

로봇(robot)은 사람과 유사한 모습과 기능을 가진 기계, 또는 무엇인가 스스로 작업하는 능력을 가진 기계를 말한다. 제조공장에서 조립, 용접, 핸들링 등을 수행하는 자동화된 로봇을 산업용 로봇이라 하고, 환경을 인식하고 스스로 판단하는 기능을 가진 로봇을 '지능형 로봇'이라 부른다. 사람과 닮은 모습을 한 로봇을 '안드로이드'라 부르기도 한다. 그리고 '형태가 있으며, 자신이 생각할 수 있는 능력을 가진 기계'라고도 한다. 인공의 동력을 사용하는 로봇은 사람 대신, 또는 사람과 함께 일을 한다. 통상 로봇은 제작자가 계획한 일을 하도록 설계되는데, '로봇'이란 용어는 체코어로 '노동'을 의미하는 robota가 어원이다.

로봇의 등장

(2) 인공지능

인공지능(Artificial Intelligence, AI)은 기계로부터 만들어진 지능을 말한다. 컴퓨터 공학에서 이상적인 지능을 갖춘 존재, 혹은 시스템에 의해 만들어진 지능, 즉 인공적인 지능을 뜻한다. 이 용어는 또한 그와 같은 지능을 만들 수 있는 방법론이나 실현 가능성 등을 연구하는 과학 분야를 지칭하기도 했다.

초기 인공지능에 대한 대표적인 정의는 '기계를 인간행동의 지식에서와 같이 행동하게 만드는 것'이었다. 일반적으로 인공지능에 대한 정의들은 ① 인간처럼 사고하는 시스템, ② 인간처럼 행동하는 시스템, ③ 이성적으로 사고하는 시스템 그리고 ④ 이성적으로 행동하는 시스템의인 4개로 분류된다.

우리나라의 경우 이세돌 9단이 바둑 대국에서 알파고에게 패배한 충격은 우리에게 두려움과 충격으로 다가왔다. 그래서 삼성전자는 2018년, 미래 시장을 선점하기 위해 인공지능(A.I)기술의 제품 개발은 물론 회사 경영 활동의 중심에 인공지능을 활용할 것임을 선언했다.

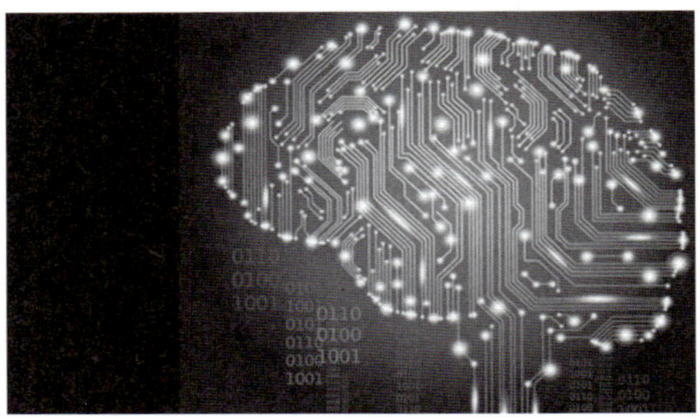

인공지능 두뇌

(3) 사물인터넷

사물인터넷(Internet of Things, IoT)은 각종 사물에 센서와 통신 기능을 내장하여 인터넷에 연결하는 기술, 즉 무선통신을 통해 각종 사물을 연결하는 기술을 의미한다. 인터넷으로 연결된 사물들이 데이터를 주고받아 스스로 분석하고 학습한 정보를 사용자에게 제공하거나 사용자가 이를 원격 조정할 수 있는 인공지능기술이다.

여기서 사물이란 가전제품, 모바일 장비, 웨어러블 디바이스 등 다양한 시스템을 말한다. 사물인터넷에 연결되는 사물들은 자신을 구별할 수 있는 유일한 코드나 아이피를 가지고 인터넷으로 연결되며, 외부 환경으로부터의 데이터 취득을 위해 센서를 내장할 수 있다. 그러나 모든 사물이 해킹의 대상이 될 수 있어 사물인터넷의 발달과 보안의 발달은 함께 갈 수밖에 없다.

한 연구기관의 조사에 의하면 2009년까지 사물인터넷 기술을 사용하는 사물의 개수는 9억여 개였으나 2020년까지 이 수가 260억 개에 이를 것으로 예상했으며, 2013년부터 2022년까지 10년간 사물인터넷은 14조 4,000천억 달러의 경제적 가치가 있을 것이라고 예상했다.

IoT를 적용한 스마트 냉장고

(4) 빅데이터

빅데이터(big data)란 기존 데이터베이스 관리도구의 능력을 넘어서는 대량(수십 테라바이트)의 정형 또는 심지어 데이터베이스 형태가 아닌 비정형의 데이터 집합조차 포함한 데이터로부터 가치를 추출하고 결과를 분석하는 기술이다. 다양한 종류의 대규모 데이터에 대한 생성, 수집, 분석, 표현을 그 특징으로 하는 빅데이터 기술의 발전은 다변화된 현대사회를 더욱 정확하게 예측하여 효율적으로 작동하게 하고 개인화된 현대사회 구성원마다 맞춤형 정보를 제공, 관리, 분석 가능하게 하며 과거에는 불가능했던 기술을 실현시키기도 한다.

이같이 빅데이터는 정치, 사회, 경제, 문화, 과학기술 등 전 영역에 걸쳐서 사회와 인류에게 가치 있는 정보를 제공할 수 있는 가능성을 제시하며 그 중요성이 부각되고 있다. 하지만 빅데이터의 문제점은 바로 사생활 침해와 보안 측면에 자리하고 있다. 빅데이터는 수많은 개인들의 수많은 정보의 집합이다. 그렇기에 빅데이터를 수집, 분석할 때에 개인들의 사적인 정보까지 수집하여 관리하기 때문에 이런 데이터가 보안 문제로 유출된다면, 이 역시 거의 모든 사람들의 정보가 유출되는 것이기에 큰 문제가 될 수 있다.

세계경제포럼은 2012년 떠오르는 10대 기술 중 그 첫 번째를 빅데이터 기술로 선정했으며 대한민국 지식경제부 R&D 전략기획단은 IT 10대 핵심기술 가운데 하나로 빅데이터를 선정하는 등 최근 세계는 빅데이터를 주목하고 있다.

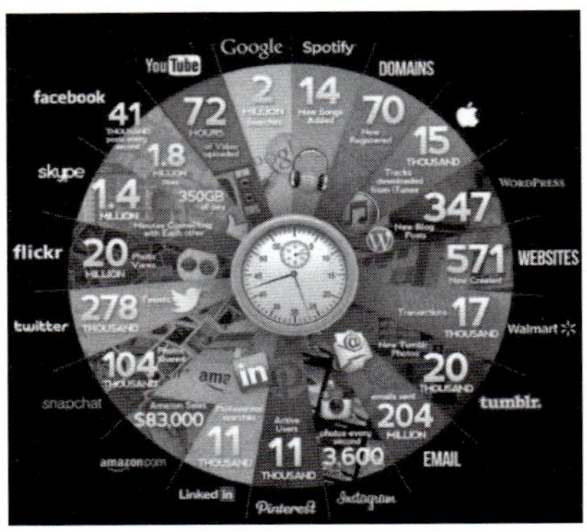

빅데이터의 활용

(5) 자율주행

자율주행 또는 무인자동차(autonomous car, driverless car, self-driving car, robotic car)는 인간의 운전 없이 자동으로 주행할 수 있는 자동차다. 자율자동차는 레이더, GPS, 카메라로 주위의 환경을 인식하여 목적지를 지정하여 자율적으로 주행한다. 이미 실용화된 자율자동차로는 이스라엘 군에서 운용되는 미리 설정된 경로를 순찰하는 자율

차량과 국외 광산이나 건설현장 등에서 운용되고 있는 덤프트럭 등의 무인 운행 시스템 등이 있다.

지난 2010년 구글이 처음으로 자율자동차를 선보인 이후, 전 세계 자동차 회사들이 무인 자율주행기술 개발에 열을 올리고 있다. 2013년 벤츠는 자율자동차로 100km 자율주행에 성공했고 아우디도 2014년에 자율주행기술을 공개했다. 더 들어가서 국내 자율자동차의 실정을 보면 2014년에 운전자 없이 주행하고 비어 있는 주차 공간을 알아서 찾아 주차하는 무인자동차기술이 공개되었다. 차후에는, 신호등에서 보낸 전파를 무인자동차에서 수신하여 신호등이 적색인지 청색인지, 또 언제 신호가 바뀌는지 등의 정보에 대응할 수 있는 무인자동차 기술개발이 진행되고 있다. 현재 우리나라도 반 자율적인, 자동으로 차량이 멈추거나 출발하는 기능, 속도를 세팅하면 일정속도로 운행할 수 있는 정보 등을 탑재하여 개발하고 있다.

자율주행차의 편리함

(6) 클라우드 컴퓨팅

클라우드 컴퓨팅(cloud computing)은 인터넷 기반 컴퓨팅의 일종으로 정보를 자신의 컴퓨터가 아닌 인터넷에 연결된 다른 컴퓨터로 처리하는 기술을 의미한다. 구성 가능한 컴퓨팅 자원(컴퓨터 네트워크, 서버, 스토리지, 애플리케이션 등)에 대해 어디서나 접근이 가능한, 주문형 접근을 가능하게 하는 것으로, 클라우드 컴퓨팅을 통해 기업들이 선행 투자 인프라스트럭처 비용(서버 구매 등)을 없앨 수 있다. 그뿐 아니라 기업들이 컴퓨터 인프라에 시간과 비용을 들이는 대신 핵심 사업에 집중할 수 있게 한다.

클라우드 제공자들은 일반적으로 종량제(pay as you go) 모델을 사용한다. 클라우드 서비스란 인터넷상에 자료를 저장해 두고, 사용자가 필요한 자료나 프로그램을 자신의 컴퓨터에 설치하지 않고도 인터넷 접속을 통해 언제 어디서나 이용할 수 있는 서비스를 말한다. 클라우드 서비스를 통해 인터넷상에 저장된 자료들은 간단한 조작 및 클릭으로 쉽게 공유하고 전달할 수 있다. 인터넷상의 서버에 단순히 자료를 저장하는 것뿐만 아니라, 따로 프로그램을 설치하지 않아도 웹에서 제공하는 응용 프로그램의 기능을 이용하여 원하는 작업을 수행할 수 있으며, 여러 사람이 동시에 문서를 공유하면서 작업을 진행할 수 있다.

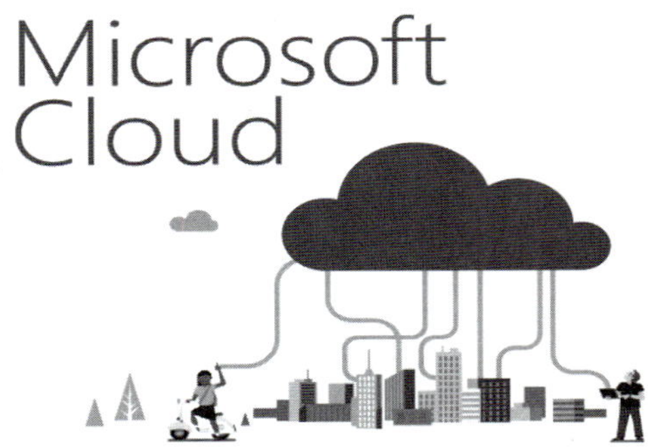

클라우드 시스템

(7) 가상현실

가상현실(Virtual Reality, VR)은 컴퓨터 등을 사용한 인공적인 기술로 만들어 낸 실제와 유사하지만 실제가 아닌 어떤 특정한 환경이나 상황 혹은 그 기술 자체를 의미한다. 이때 만들어진 가상의(상상의) 환경이나 상황 등은 사용자의 오감을 자극하며 실제와 유사한 공간적 · 시간적 체험을 하게 함으로써 현실과 상상의 경계를 자유롭게 드나들게 한다. 또한 사용자는 가상현실에 단순히 몰입할 뿐만 아니라 실재하는 디바이스를 이용해 조작이나 명령을 가하는 등 가상현실 속에 구현된 것들과 상호작용이 가능하다.

가상현실은 사용자와 상호작용이 가능하고 사용자의 경험을 창출한다는 점에서 일방적으로 구현된 시뮬레이션과는 구분된다. 쉽게 떠올릴 수 있는 가상현실 시스템의 예로는 비행훈련 시뮬레이션과 3D로 표현되었으며 사용자의 의지가 반영될 수 있는 세컨드 라이프와 같은 게임이 있다. AR/VR 시장은 이미 수십억 달러 규모의 시장으로 자리 잡고 있으며 수년 내에 1,200억 달러 시장을 훨씬 넘어서 계속 성장할 것으로 예상된다.

(8) 증강현실

증강현실(Augmented Reality, AR)은 가상현실(VR)의 한 분야로 실제 환경에 가상 사물이나 정보를 합성하여 원래의 환경에 존재하는 사물처럼 보이도록 하는 컴퓨터 그래픽 기법이다.

증강현실은 사용자가 눈으로 보는 현실세계에 가상 물체를 겹쳐 보여 주는 기술인데, 현실세계에 실시간으로 부가정보를 갖는 가상세계를 합쳐 하나의 영상으로 보여주므로 혼합현실(Mixed Reality, MR)이라고도 한다. 현실 환경과 가상 환경을 융합하는 복합형 가상현실 시스템(hybrid VR system)으로 미국을 중심으로 연구·개발이 진행되고 있다. 대표적으로 포켓몬스터가 있다.

가상현실과 증강현실 비교 이해

① 가상현실
현실에서 존재하지 않는 환경에 대한 정보를 디스플레이 및 렌더링 장비를 통해 사용자로 하여금 볼 수 있게 한다. 그리고 이미 제작된 2차원, 3차원 기반을 사용하므로 사용자가 현실감각을 느낄 수는 있지만 현실과 다른 공간 안에 몰입하게 된다.

② 증강현실
가상현실과는 달리 사용자가 현재 보고 있는 환경에 가상 정보를 부가해준다는 형태이다. 즉, 가상현실이 현실과 접목되면서 변형된 형태 중 하나이다. 때문에 사용자가 실제 환경을 볼 수 있으므로 가상의 정보 객체(예 : 기후정보, 버스노선도, 맛집 길 안내)가 현실에 있는 간판에 표시되기도 한다.

<가상현실 체험>

<증강현실 체험>

(9) 3D 프린팅

3D 프린팅(3D printing)은 연속적인 계층의 물질을 뿌리면서 3차원 물체를 만들어 내는 제조기술이다. 3차원 프린터는 밀링 또는 절삭이 아닌, 기존 잉크젯 프린터에서 쓰이는 것과 유사한 적층방식으로 입체물로 제작하는 장치를 말하며, 컴퓨터로 제어되기 때문에 만들 수 있는 형태가 다양하고 다른 제조기술에 비해 사용하기 쉽다. 단점으로는 현재 기술로는 제작 속도가 매우 느리다는 점과, 적층 구조로 인해 표면이 매끄럽지 못하다는 점 등이 있다.

3D 프린팅 제작

3D 프린팅 기술은 4차 산업혁명으로 불리며, 산업 전반에 걸쳐 제조기술의 큰 변화를 가져올 것으로 예상되고 있다. 3D 프린터의 보급이 제4의 산업혁명으로 불리는 이유는, 기계 절삭 및 성형 등 기존의 생산방식을 탈피하여 일괄된 방식으로 어떤 형태의 제품도 만들어 낼 수 있기 때문이다. 치과 등의 의료 분야는 물론, 각종 가정

용품을 비롯해 자동차나 비행기 등에 쓰이는 기계장치도 3D 프린터에 의한 생산이 가능하다. 이미 자동차 업계에서는 엔진 등 핵심 부품을 3D 프린터로 만들어내는 공정을 연구하고 있다.

(10) 드론

드론(drone) 또는 무인 항공기(Unmanned Aerial Vehicle, UAV)는 조종사(human pilot)가 탑승하지 않은 항공기(비행기)이다. 지상에서 원격조종(Remote piloted), 사전 프로그램된 경로에 따라 자동 또는 반자동(Semi-auto-piloted) 형식으로 자율비행하거나 인공지능을 탑재하여 자체 환경판단에 따라 임무를 수행하는 비행체와 지상통제장비(Ground Control Station/System, GCS) 및 통신장비(데이터 링크) 지원 장비(Support Equipments) 등의 전체 시스템을 통칭한다.

활용 분야에 따라 다양한 장비(광학, 적외선, 레이더 센서 등)를 탑재하여 감시, 정찰, 정밀공격무기의 유도, 통신/정보중계 등의 임무를 수행하며, 폭약을 장전시켜 정밀무기 자체로도 개발되어 실용화되고 있어 향후 미래의 주요 군사력 수단으로 주목을 받고 있다. 최근 몇 년간 빠른 성장이 이루어지고 있는 추세다. 2017년 6월 아마존은 드론 이착륙센터에 대한 특허 출원을 하고 운송 수단으로 검토 중이다. 또한 공중을 비행하는 드론(무인 항공기)같이 스스로 바다를 항해하는 무인 선박도 상용화를 목전에 두고 있다.

드론 비행

3. 4차 산업혁명과 앞으로의 전망

4차 산업혁명은 이미 우리가 피할 수 없는 새로운 패러다임이다. 4차 산업사회는 모든 것이 연결되고, 고도로 지능화된 초 연결·초 지능사회이다. 사물인터넷과 클라우드 등을 통해 인간과 인간, 사물과 사물, 인간과 사물이 통신망으로 연결되고, 빅데이터와 인공지능을 활용한 컴퓨터들이 엄청난 양의 정보를 바탕으로 자율적으로 학습하며 지능을 키운다.

이러한 특징과 더불어 4차 산업혁명의 변화는 매우 빠르고 넓게 확장되고 있는데, 이처럼 4차 산업혁명을 이끌고 있는 지능정보기술들은 여러 산업 분야로 확장되어 자율주행자동차, 가정용 로봇, 인공지능 기반의 의료 기기 발달, 공공 안전 및 보안과 같은 다양한 형태로 우리 삶의 모습을 변화시킬 것으로 기대된다.

4차 산업혁명이 보편화되면 사람이 직접 하기 힘들거나 위험한 일을 로봇이 대신하게 되고, 사물인터넷 기반의 스마트 홈 시스템이 나의 일상의 일정을 실시간으로 관리해 주기도 하며, 자율주행이 가능한 자동차가 등장하여 직접 운전을 하지 않고 편안하게 이동하고 주차를 할 수 있다. 또한 손목에 착용하는 인공지능 의료 기기가 내 몸의 상태를 관리해 주고, 병원에서는 인공지능 로봇이 약을 처방하게 된다.

이로 인해 현존하는 일자리 중 상당수가 인공지능과 로봇으로 대체될 것이라고 말하는 입장도 있지만 한편으로는 새로운 형태의 일자리가 많이 창출될 것이라는 입장도 있다. 2016 세계경제포럼에서는 많은 영역의 일자리를 로봇이 대체하여 일자리의 수가 대폭 줄어들 것으로 발표되었는데, 3차 산업을 경험해 본 우리는 4차 산업 역시 새로운 산업 형태와 신기술로 인해 새로운 일자리가 생겨날 것으로 전망하였다. 하지만 확실한 사실은 하루아침에 모든 일자리가 사라지지는 않는다는 것이다.

이처럼 4차 산업혁명으로 인해 우리는 인공지능과 로봇에게 우리의 일자리를 뺏긴다는 두려움이 있지만, 어떤 직업이 유망할 것인가에 대한 궁금증도 있을 것이다. 그리고 4차 산업혁명은 누군가는 엄청난 위기로 느끼겠지만, 누군가는 분명히 새로운 기회라고 생각할 것이다. 여기서 중요한 점은 핵심기술에 대해서 우리나라가 얼마나 선도할 것인가, 거기에 나는 어떻게 적응하며 어떤 자세를 취하고 있을 것인가가 매우 중요하다. 대학의 젊은 청춘들은 4차 산업의 혁명적 도래와 함께 직업이든 창업이든 새로운 기회와 출발을 위해 스스로 도전하고 두드려 보기를 기대한다.

chapter 05

로봇혁명

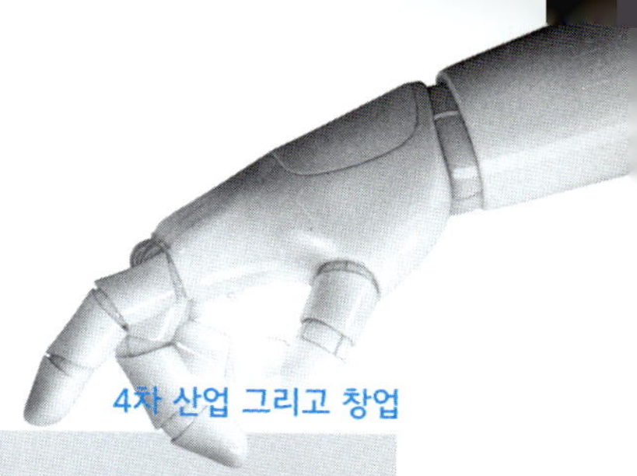

chapter

05 로봇(Robot) 혁명

홍콩에 본사를 둔 핸슨 로보틱스(Hanson Robotics)가 개발한 인간형 휴머노이드 소피아가 2018년 1월 29일 서울 플라자호텔에 방문했다. 2017년 사우디아라비아에서 인공지능으로는 처음으로 시민권을 받은 로봇 소피아가 인공지능 로봇에 법적 지위를 부여하는 로봇기본법을 발의했던 더불어민주당 박영선 의원과 대화를 나누었다.

영화 <로마의 휴일>로 유명한 배우 오드리 햅번을 모델로 만들어진 소피아는 미국 토크쇼에 등장해 '인류를 지배하겠다'는 발언을 해 화제를 모았고 문제가 되자 그 발언에 대해 '미국식 농담'이라는 해명을 하기도 하였다.

소피아의 등장은 많은 것을 시사한다. 그 중에 로봇의 법적 지위를 부여하는 법안의 발의에 따른 '로봇의 인격화'는 앞으로 많은 학습이 필요하겠지만 소피아가 자신의 생각을 스스로 말하고 대화를 나눴다는 것은 실제로 일어나고 있는 사실이고 소피아는 "나에게는 존중과 신뢰가 필요하다."라고 발언하였다.

1. 로봇 이야기

로봇(robot)은 사람과 유사한 모습과 기능을 가진 기계, 또는 무엇인가 스스로 작업하는 능력을 가진 기계를 말한다. 제조공장에서 조립, 용접, 운반 등을 수행하는 자동화된 로봇을 산업용 로봇이라 하고, 환경을 인식하고 스스로 판단하는 기능을 가진 로봇을 '지능형 로봇'이라 부른다. 사람과 닮은 모습을 한 로봇을 '안드로이드'라 부르기도 한다. 그리고 다른 뜻은 형태가 있으며, 자신이 생각할 수 있는 능력을 가진 기계라고도 한다.

(1) 로봇과 컴퓨터의 차이는?

로봇과 컴퓨터 그리고 인공지능은 어떻게 구분될까. 일단 컴퓨터가 점차 소형화되어 모든 사물에 칩의 형태로 들어가게 되면 모든 사물이 지능을 갖게 된다고 보면 된다. 마치 영화 <미녀와 야수>에 나오는 컵과 의자들이 말하고 행동하는 것처럼 말이다. 그리고 그들은 서로 연결되어 그들이 보고 들은 모든 것을 다시 데이터센터에 전달한다. 인공지능의 실체는 각각 자기의 기억 속에서 발전하는 자율지능과 서로 연결되어 공유되는 집단지능으로 분류된다. 자율지능은 마치 인간이 각자 독서를 통해 또는 경험을 통해, 연구와 실험을 통해 지적 능력이 올라가는 것과 같다. 이 경우 학습을 통해 얻어지는 지능은 자기의 기억 속에서 발전하는 지능이다. 그러나 인간이 자기가 얻은 지식과 정보를 책이나 발표를 통해 타인과 공유하듯이 기계들도 각자 얻은 지능과 지식을 다시 연결을 통해 공유하고 축적하는 집단지능의 형태로 발전할 것이다.

그러면 로봇은 다른 지능기계와 달리 어떤 차별성을 갖는지 생각해 볼 필요가 있다. 지구상의 지배자가 식물이 아닌 동물이 된 이유에서 그 답을 찾을 수 있다. 바로 동물이 식물에 비해 가지고 있는 차별화된 기능, 바로 이동성(mobility)과 조작성(manipulability) 때문이다. 로봇은 이 2가지 기능을 갖는 지능기계라고 정의할 수 있다. 컴퓨터가 갖는 지능(intelligence)과 IoT가 갖는 감지성(Sensibility)에 이동성과 조작성을 가진 기계

그것이 바로 로봇이다. 그렇다면 인공지능이 바로 현실에 직접 참여할 수 있는 수단이 바로 로봇이 된다는 뜻이다. 그것은 곧 기계가 자율성(autonomy)을 갖는다는 뜻이 된다.

그리고 이동성과 조작성을 가지며 얻게 되는 지식과 정보는 다시 네트워크를 통해 빅데이터 형태로 저장되거나, 스스로 학습을 통해 지적 능력이 강화된다. 자율학습과 집단학습의 형태로 스스로 진화한다. 따라서 인공지능과 로봇이 융합되면, 그로 인한 지능성이 더욱 고도화되고, 반대로 그 지능성이 현실에 존재하는 인공지능 공존시대가 열릴 것으로 예상된다.

2. 기술혁신의 아이콘

세상을 바꾸는 사람은 누구일까. 기술을 가진 자일까, 아니면 투자가, 성공한 사업가일까? 아니다. 바로 혁신가(innovator)라 생각한다. 경제학자 슘페터는 기업가란 기업가정신을 가지고 혁신을 통해 창조하는 사람이라고 정의했다. 어쩌면 기술은 그 다음이다. 미래를 보는 눈(Look ahead), 그것이 바로 혁신의 시작이다. 시장의 흐름을 내다보는 투자만이 살아남는다는 교훈을 벤처기업의 성공 사례에서 쉽게 찾아볼 수 있다.

성공하는 벤처인들의 공통점은 바로 남들과 다른 사고를 가지고 기존의 질서를 거부한다. 나름대로의 철학과 신념을 가지고 결코 타협하지 않는다. 절대 굴복하지 않는다. 세계 최고 아니면 최초가 되겠다는 명확한 목표를 설정한다. 세상에 없던 혁신제품을 내놓아 새로운 일자리와 수익을 창출하고 있는 것이다. 혁신이라는 코드와 시장이라는 환경이 만나 기존 시장의 판도를 바꾸는 것의 대표격인 초창기의 구글(Google), MS(MicroSoft), 아마존, 한글과 컴퓨터가 그랬다.

우리나라 로봇산업은 지난 10년간 정부의 적극적 투자에도 불구하고 민간 부문에서 혁신의 아이콘을 보여 주지 못하고, 개발된 로봇들은 시제품 수준을 맴돌고 있는 느낌이다. 그 사이에 개방과 경쟁 그리고 산학연 밀착 협동연구로 실용적이고 혁신적인 기술개발을 한 미국이 더욱 현실적인 로봇산업의 미래상을 보여 주고 있다.

3. 로봇의 산업화

CES2017에서 새로 선보인 로봇제품들이 화제다. 바로 이전의 CES에서 볼 수 없었던 인공지능 스피커, 무인차와 IoT인 것이다. 그러나 우리나라에서는 이들이 로봇이냐 아니냐를 가지고 말들이 많다. 사실 로봇(robot)의 정의는 애매하다. 센싱과 구동 그리고 지능을 지닌 기계라는 포괄적 의미(이 의미라면 모든 무인제품들이 모두 로봇에 해당한다)와 2축 이상의 관절을 갖는 자동기계(협의의 의미)이다. 로봇에 대한 인식은 사람마다 다를 수 있다. 산업현장에서는 미국 유니메이션(Unimation) 사가 최초로 실용화시키고 일본이 꽃피운 로봇. 바로 산업용 로봇이 있다. 다관절 팔(arm)을 가지고 인간을 대신하여 단순조립, 용접, 핸들링(handling) 작업들을 수행한다. 서비스 로봇은 산업현장을 넘어, 우리 생활로 들어온 로봇이다. 교육용 로봇, 청소용 로봇, 경비안내 로봇 등을 예로 들 수 있다. 그 형태가 인간형 로봇이 아니더라도 우리는 이러한 이동 로봇들을 로봇이라 분류한다. 애완로봇도 있다. 소니사의 강아지 로봇이 효시로서, 동물형상을 본떠 만든 로봇이다. 후에 보스턴 다이내믹사의 빅독, 와일드 캣 등은 보다 민첩한 사족보행 동물의 움직임을 재현한다.

(1) 의료용 로봇

1985년 산업용 로봇인 PUMA560을 뇌수술에 사용하면서 의료용 로봇의 가능성을 확인하였고, 의료현장에서 로봇을 활용한 다양한 연구와 제품들이 소개됐다. 특히, 2000년 수술로봇으로서 세계 최초로 FDA(미국식품의약국) 승인을 받은 da Vinci 수술 시스템(Intuitive Surgical Inc., 미국)은 본격적인 로봇수술시대를 열며 로봇수술의 대중화와 관련 기술의 발전을 촉진시켰다. 현재는 수술뿐만 아니라 진단, 치료, 재활 및 간호보조 등을 포함하는 의료 전반에 걸쳐 로봇이 활용되고 있다.

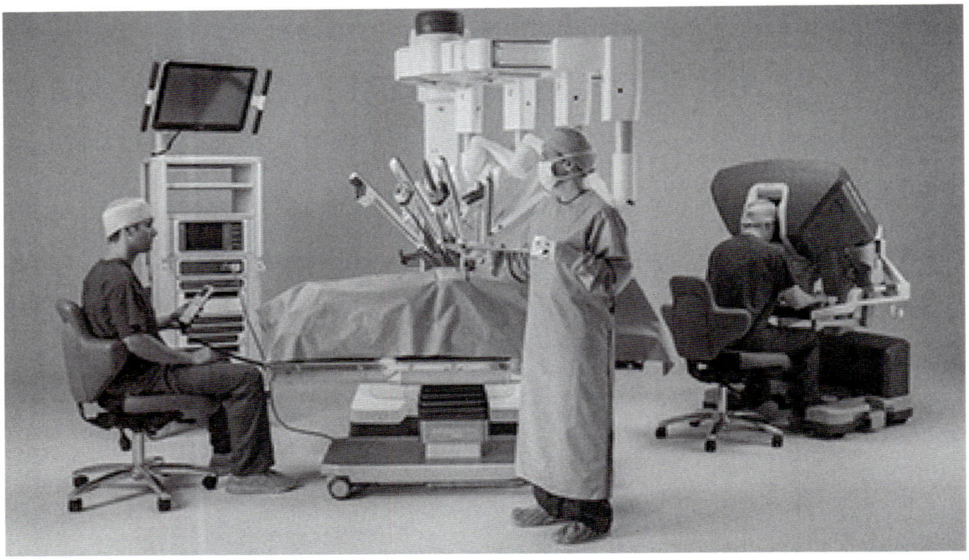

다빈치 로봇 수술기

지능형 로봇표준포럼 의료로봇분과위원회는 의료로봇을 '의료기기로 사용하기 위한 로봇 또는 로봇장치(Robot or a Robotic Device Intended to be Used as a Medical Device)'로 정의하고 그 종류를 크게 수술로봇, 수술시뮬레이터, 재활로봇, 기타 의료로봇으로 나누고 있다.

분류		설명
수술로봇	수술로봇	수술의 전 과정 또는 일부를 의사 대신 또는 함께 작업하는 로봇
	수술보조로봇	의사의 수술을 보조하거나 영상가이드 역할 등을 담당하는 로봇
수술 시뮬레이터		가상 그래픽, 햅틱 장치 등을 활용한 수술연습로봇
재활로봇		노인과 장애인 등의 재활치료 및 일상생활을 돕는 로봇
기타 의료로봇		진단로봇, 간호로봇, 안내로봇, 원격진료로봇 등

출처 : 지능형로봇표준포럼 의료로봇분과위원회 발표자료 참고

수술보조로봇은 의사의 명령에 따라 수술을 보조하거나 영상 가이드를 제공하는 로봇이다. 그 종류로는 내비게이션 보조로봇, 미세자세 조종로봇, 의사 도우미 로봇 등이 있다.

수술 시뮬레이터는 수술에 대한 숙련도를 높이고, 수술계획을 세우거나 사전 검증을 하기 위한 용도로 쓰인다. 자기공명영상(MRI)이나 컴퓨터단층촬영(CT) 영상 등을 이용해 모델링된 가상의 환자 영상과 수술도구의 영상으로 구성된 수술연습용 로봇으로서 햅틱 기능이 추가되기도 한다.

재활로봇은 장애자나 노년층의 독립적인 활동을 가능하게 하는 로봇이다. 인간의 팔이나 다리의 움직임을 감지하여 인간의 움직임을 보조하는 재활운동용과 인간의 신경 신호를 이용해 팔이나 손을 움직이는 로봇 등이 있으며, 아직 기업체보다는 대학을 중심으로 기초연구가 활발하게 이루어지고 있다.

① 의료용 로봇의 필요성

최근 생명연장과 질병치료, 고령화 사회에 접어들면서 건강에 대한 관심이 증대되어, 양질의 의료서비스에 대한 요구와 함께 의료용 로봇에 대한 관심도 커지고 있다. IT, 기계기술 등 첨단기술의 융합체로서 정밀하고 안정적인 제어가 가능하다는 로봇의 특징으로부터 의료용 로봇의 필요성은 크게 다섯 가지로 요약할 수 있다.

첫째, 기존에 불가능했던 수술을 가능하게 해준다.

둘째, 보다 정확한 시술이 가능하다.

셋째, 방사선 피폭 환경에서 의사를 대신함으로써 의사들의 부담을 덜어주며 각종 진단정보를 활용하여 의사의 숙련도에 의존하지 않은 안정된 시술이 가능하게 된다.

넷째, 재활치료에 있어서 환자의 의지를 반영하여 보다 능동적으로 로봇장치를 구동함으로써 효과적인 치료가 가능하게 된다.

다섯째, 부족한 의료진 문제를 해결하고 시간적·공간적 제약을 극복할 수 있도록 의료진과 환자를 매개할 수 있는 역할을 수행할 수 있다.

분류	설명
현대중공업	ROBODOC 국산화 개발 및 다양화 의료용 로봇 개발 중
미래컴퍼니	복강경 수술로봇 시스템 개발 후 임상시험 준비 중
피앤에스미캐닉스	보행 재활훈련 로봇 Walkbot 국산화 개발
헥사시스템	상지, 하지 착용형 재활로봇 개발
NT리서치	의료용 로봇 RoMAN-MD와 의료용 무인이송로봇

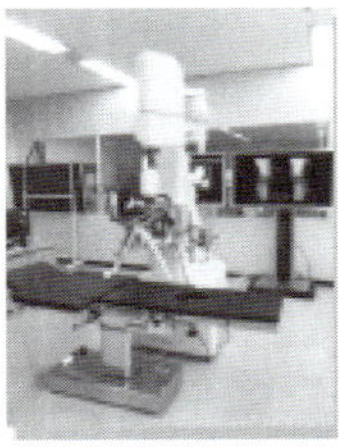
(a) ROBODOC

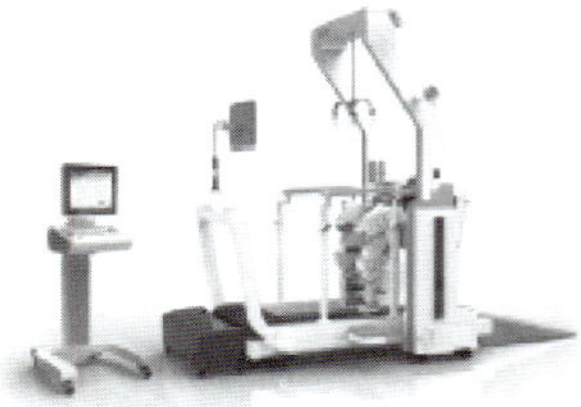
(b) Walk bot

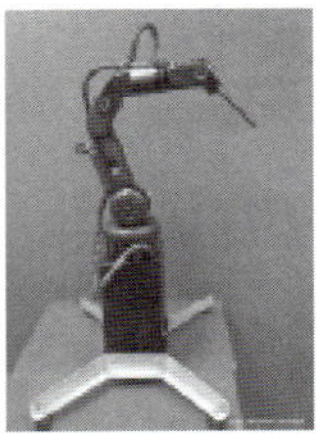
(c) RoMAN-MD

국내 의료용 로봇

(2) 국방 로봇

4족 로봇

출처 : 구글

군사용 로봇은 인간을 대신하거나 보조하며, 군사작전을 수행하는 지능형 로봇이다. 군사용 로봇은 기온차가 큰 야외환경이나, 폭탄이 터지는 가혹한 환경에서 주로 작동해야 하므로, 부품내구성과 높은 신뢰성 기술을 필요로 한다. 특히, 험준한 지형에서 이동해야 하므로 자율이동기술에 대한 높은 수준의 연구가 필요하다.

군사용 로봇은 직접 전투에 참가하는 전투용 로봇과 지뢰제거작업과 같은 지뢰제거로봇, 물품의 수송을 맡는 견마로봇(빅독 등이 유명), 감시경계임무를 수행하는 감시경계로봇 등으로 분류된다.

국방용 로봇을 알려면 국방로봇의 시조인 다르파(DARPA, 미국 방위고등연구계획국)를 이해해야 한다. 다르파는 지금은 사라진 소련이 스푸트니크 인공우성을 발사하자 군사적 위협을 느낀 미국 국방성이 체계적인 군사적 대안을 마련하기 위해 지난 1958년 설치한 기관이다. 즉, 군사적 목적의 각종 신기술을 연구하는 것을 주요 목적으로 하고 출발한 것이다.

설립 이후 60년대 초까지는 로켓기술에 매진하여 결국 1969년 아폴로 계획을 완수해 인류 최초로 달을 밟는 쾌거를 기록한다. NASA(미 우주항공국)가 주도한 사업이지만 관련 기술은 거의 다르파가 중심이 되어 개발을 주도한 것이다.

2000년대에 들어서 다르파는 무인자동차 프로젝트를 추진하는데, 첫 대회가 2004년 캘리포니아 모하비 사막에서 벌어진 그랜드 챌린지였다. 2007년에는 도시 환경에서 운행할 수 있는 무인차대회를 여는 등 21세기의 첫 10년을 무인차에 투자했다. 그 대회의 결과물을 현재 무인장갑차 등의 군사 기반 기술로 활용하고 있다. 이 같은 다르파의 챌린지 운영 결과를 보면 이런 로봇챌린지 또한 군사적 목적의 로봇을 염두에 두었다는 것을 알 수 있다.

대한민국의 군사용 로봇 개발은 2016년 7월 현재 기본적인 탐지 · 수색임무를 수행할 수 있는 견마로봇, 비행기지 주변 감시용 무인정찰차량 정도가 개발되었다. 국방과학연구소(ADD)는 2012년부터 경전투로봇 개발에 필요한 통합운용 · 제어기술 연구에 착수했으며, 2016년 내로 완료할 계획이었다. ADD가 구상 중인 경전투로봇은 원격제어로 임무를 수행하는 5t급 바퀴형으로 개발된다.

Big dog military robots

출처 : 구글

(3) 생활 속의 로봇

일본 도쿄 빅사이트에서 열린 4차 산업혁명 관련 기술박람회 '재팬 로봇위크 2018'(Japan Robot Week 2018)에서는 1,000만 원대 AI 배달로봇, 무인배달차 등이 출품되었다. 4차 산업혁명이 우리 삶에 많은 영향을 끼칠 것이라는 예측에는 이견이 없다. 특히, 인공지능과 빅데이터에 기반을 둔 자동화는 과거에 경험하지 못한 충격을 경제 전반에 미칠 수 있다고 전문가들은 입을 모은다. 이 박람회에서 마주한 4차 산업혁명 기술은 이미 우리 생활 곳곳에 잠입해 있다. 인공지능을 탑재한 로봇은 주문과 배달 업무를 대체할 수 있는 수준에 이르렀고, 사물인터넷은 LTE 속도 이상의 광역 네트워크를 구축할 수준까지 발전했다. 미래가 아닌 현재 우리 삶에 직접적 영향을 미칠 수 있는 것은 배달로봇기술이다. 현장에서 선보인 배달로봇의 가격은 약 1만 달러(한화 약 1,140만 원)로 소규모 사업장이라 해도 충분히 구매 가능한 수준이다. 배달로봇이 더 발전하고 상용이 확대되면 주문을 접수하고 음식을 가져다주던 직원들이 모두 로봇으로 대체된 매장이 등장할 것이다.

① 감정을 읽는 로봇 '소프트뱅크의 페퍼'

이제 로봇은 제조업현장에만 침투한 게 아니다. 인간의 감정을 읽고 반응하는 로봇은 가정으로, 병원으로, 학교로 보급되고 있다. 소프트뱅크의 감정을 읽는 로봇, 페퍼는 출시 3분만에 3,000대가 매진되었다. 중국에서 폭스콘, 알리바바는 소프트뱅크의 페퍼를 대량생산하기 위해 합작법인을 설립하고 페퍼를 미래의 스마트 기기로 만들려는 작업을 진행 중이다. 이제 페퍼의 월간 소프트웨어 사용료는 '임금'이란 단어로 표시된다. 씁쓸하면서도 오싹한 현실이다. 하지만 페퍼의 귀엽고 친절한 멘트에 사용자들은 금새 호감을 느끼고 오히려 페퍼의 임금을 싸다고 느낀다.

소프트뱅크 사의 인간과 감정을 소통하는 로봇 페퍼

출처 : 알데바란

② 창고로봇 '아마존의 키바'

쿠팡의 로켓배송에 놀라면서 오프라인 유통 물류업계가 바짝 긴장하고 있지만, 진짜 물류혁명은 아마존의 키바를 봐야 보인다. 2012년 아마존이 물류에 로봇시스템을 도입하기 위해 인수한 키바시스템즈는 이제 아마존 물류창고에 수만 대 설치되어 인간의 오류를 최소화시키는 데 기여한다. 최적의 동선으로 상품들은 가장 빠른 속도로 정리되고 출고된다. 그러나 그와 동시에 인간의 일자리는 줄어든다(아마존 직원들이 눈물 흘리면서 일하는 데는 다 이유가 있을 수도 있다).

아마존 물류창고에서 물건을 운반하는 로봇 키바

출처 : 아마존

물류로봇도 아마존의 물류시스템, 병원 물류시스템 등 단품로봇보다는 시스템으로 연동되어 현실화되고 있다. 문제는 무인기, 무인차 이런 것들도 로봇으로 볼 수 있냐는 점이다. 무인기는 드론(DRONE)이라 불리는 무시무시한 무기체계이다. 국방용을 떠나 이젠 민간부문 촬영기, 농약살포, 감시경계 등 다양한 응용 분야로 발전하고 있다. 이제 로봇의 경계는 움직임이 있느냐 없느냐를 떠나 모든 사물에 통신과 센싱 그리고 데이터 공유라는 기술이 적용되는 분야로 확장된다.

배달로봇(파이터치연구원)

(4) 드론의 등장

나무들이 빽빽하게 들어선 산속에선 방향을 잡기가 쉽지 않다. 갑자기 기상 상황이 악화되면 별 준비 없이 등반에 나섰던 등산객들은 조난을 당하기 쉽다. 경찰이 수백 명의 구조대원들을 긴급 투입해 산속을 샅샅이 뒤지지만 좀처럼 조난자를 발견하지 못한다. 헬리콥터나 드론을 띄우더라도 숲이 워낙 무성해 실종자를 찾는 데 별다른 도움이 되지 않는다. 설령 드론을 투입하더라도 산속에선 GPS 신호를 수신하지 못해 드론이 방향 감각을 상실하고 만다.

'MIT 뉴스'에 따르면 MIT CSAIL(Computer Science and Artificial Intelligence Laboratory)과 NASA 랭글리 리서치센터 소속 과학자들은 GPS 신호 없이도 여러 대의 드론이 협력하면서 조난자를 수색할 수 있는 기술을 개발했다. 2D 라이더를 탑재한 드론이 숲속을 비행하면서 숲의 지도를 만들면 이미 확보한 3D 지도 등과 결합해 숲속의 상황을 파악하고 조난자의 위치를 지도상에 특정할 수 있다.

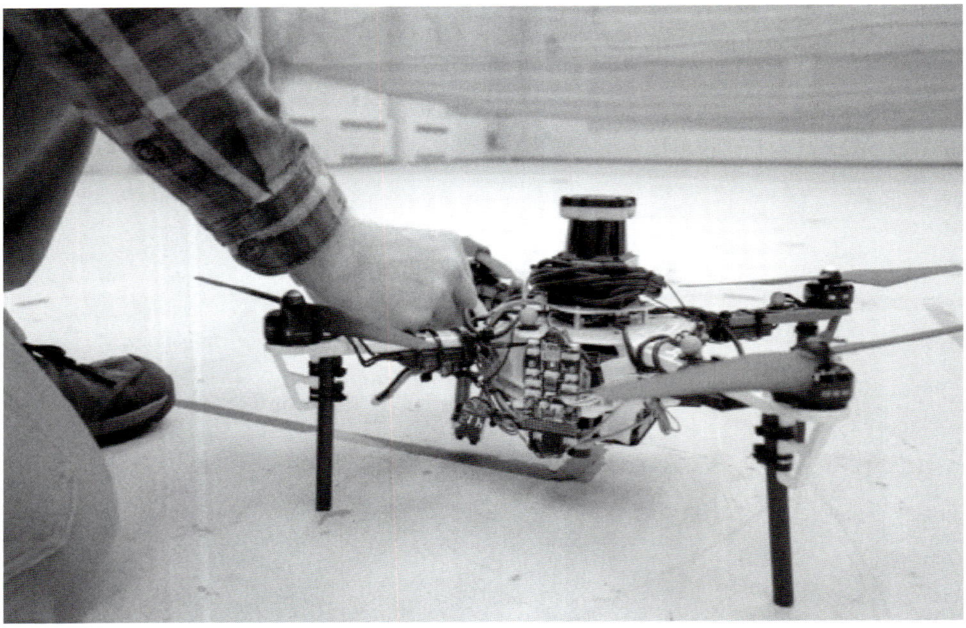

숲속에 투입된 드론들이 라이더를 통해 나무들의 위치를 파악하면 컴퓨터 알고리즘을 이용해 나무들 간 거리, 나무의 서 있는 각도 등을 분석해 숲의 모습을 파악한다. 각각의 드론이 취합한 정보는 지상에서 통합돼 특정 숲에 관한 3D 지도가 만들어진다. 지상에선 지속적으로 드론의 스캔 정보를 모니터링하고 통합하는 작업을 수행한다. 내비게이션 소프트웨어인 SLAM(simultaneous localization and mapping) 기술은 맵의 정확성을 높여간다. 드론에 탑재된 경로 수립(path planning) 소프트웨어는 드론이 탐색되지 않은 지역을 지속적으로 탐색하도록 유도한다. 연구팀은 이번에 개발한 기술을 활용해 NASA 랭글리 리서치센터 인근의 숲속에서 테스트를 진행한 결과 소기의 성과를 거두었다. 연구 성과는 브라질 브에노스 아이레스에서 열린 ISER 2018(International Symposium on Experimental Robotics conference)에서 소개되었다.

4. 로봇이 지배한 사회 그 이후는?

로봇은 이제 관련 산업계를 넘어 모든 산업 영역과 경제 전반에 막대한 영향력을 행사하는 국가의 미래 핵심산업으로 발전하고 있다.

(1) 경쟁력이 약해지는 전통제조업 로봇으로 스마트하게 부활시키자

2017년 대한민국 대표 수출 효자종목 조선산업이 휘청거린다. IT 하드웨어도 자동차도 이제는 품질과 규모 면에서 세계를 놀라게 하는 중국 기업들에 쫓기고, 미국, 독일, 일본의 기업들은 그사이 벌써 한 발 더 앞서간다. 샌드위치 국면은 산업별로 다르지만 현실이 되어가고 무역 의존도가 높은 한국의 수출 감소는 걷잡을 수 없는 위협으로 다가올 수 있다.

그럼 어떻게 제조업을 부활시킬까? 그 해결책 중 하나가 로봇산업에 있다. 미래의 제조업현장에는 사람 대신 로봇으로 가득할 것이고, 사람의 부가가치는 로봇의 몸체와 인공지능을 만드는 데서 배치되기 때문이다. 테슬라의 공장은 대표적인 사례이다. 테슬라의 전기자동차 제조공장은 일본 화낙(Fanuc)의 산업용 로봇으로 가득하다. 더 놀라운 것은 일본 후지산 언저리에 자리 잡은 강소기업인 화낙의 산업용 로봇 제조공장에서 산업용 로봇이 스스로를 만들어 내고 있다는 사실이다. 화낙의 산업용 로봇을 디자인하고 개발하는 연구자 이외에 사람의 역할은 많지 않다. 화낙의 최근 연간 매출 성장률은 62%. 당기순이익은 두 배 성장했다. 대부분의 성장은 산업용 로봇 매출 증대 덕분이다. Robomachine 사업부의 연간 성장률은 무려 262%에 이른다. 참고로 화낙의 시가총액은 38조 원에 달해서 현대차보다도 크다.

(2) 한-중-일-독, 로봇산업 비교

한국은 산업용 로봇 적용률(단위노동자당 산업용 로봇 비율)이 노동자 1만 명당 400대 이상으로 일본을 제치고 전 세계에서 가장 높은 국가이나 수입대체를 위한 종합적인 대규모 연구개발 투자는 미흡한 편이다. 게다가 지구의 굴뚝인 중국은 가장 많은 산업용 로봇을 수입하는 국가이며 앞으로 산업용 로봇 수요의 성장을 중국이 견인할 것이다. 지금도 1위인 중국의 산업용 로봇 수요가 향후 2년 내에 두 배 이상 급증한다는 전망도 나온다. 중국은 '스마트제조 2025년'이라는 목표를 내세우며 시진핑 주석까지 나서서 로봇 강국 건설을 외치고 있다. 수입대체 효과만으로도 엄청나기 때문이다. 중국은 2020년까지 세계 로봇시장 점유율 45%를 달성하겠다고 외치면서 로봇집중육성계획을 발표했고, 텐센트, 알리바바, 바이두는 앞다퉈 이러한 정부의 정책 방향에 부응하며 수천억 원을 로봇산업에 투자하고 있다.

안타깝게도 한국이 로봇강국이 될 기회는 점점 더 멀어져간다. 이 와중에 화낙으로 대표되는 일본의 산업용 로봇 기술력은 세계 최고 수준이고, 독일의 쿠카(KUKA)는 중국에서 판매대수를 매년 50% 이상 늘리는 등 앞으로 수년간 회사의 성장 전략을 중국에 집중하고 있다.

누가 승기를 잡고 있고, 누가 미래의 기회를 놓치고 있는지 단번에 알 수 있는 상황 아닌가? 한국의 조선, 자동차산업은 진작 로봇개발에 힘을 쏟았어야 한다. 산업용 로봇의 최대 수요처로서 미래를 위한 대비는 산업용 로봇을 자체 개발하는 것이었음은 자명한 사실이었다. 하지만 지금 당장의 규모의 성장과 달콤한 현금 흐름에 도취되어 미래에 대한 대비가 전혀 안 되어 있는 것이 현재 상황이다.

(3) 로봇산업, 한국이 과연 잘할까?

카이스트 태생 휴보(Hubo)는 아직 어떠한 대규모 투자도 받지 못했지만 미국 다르파로보틱스챌린지(DARPA Robotics Challenge) 대회에서 1등을 했다. 미국 명문대학교에서 탄생한 로봇들은 구글, 우버, 테슬라와 같은 거대 기업들의 스폰서를 받았다는 사실을 감안하면 정말 대단한 성취이고 눈물겨운 감동수기에 가깝다. 하지만 언제까지 감동수기에 만족할 수는 없다. 이제 규모화된 투자(최소 수천억, 수조 원 대면 더 좋겠다)와 명확한 글로벌 상업화 전략이 마련되어 로봇 적용률이 최고라는 우리나라의 이점을 십분 활용할 때가 온 것이다.

오준호 박사의 팀 카이스트(TEAM KAIST)가
2015년 세계재난구조로봇경진대회(다르파로보틱스챌린지)에서 수상하는 장면

로봇이냐 아니냐란 개념을 벗어나야 한다. 그냥 로봇이란 단어를 이제는 우리 머릿속에서 지우자. 로봇은 모든 것(사람, 무기, 동물, 차량)이 될 수 있으나 그 개념을 떠나 도시 전체가 아니 환경 전체가 우리 인간과 상호작용하며 자동화되고 지능화될 것으로 보인다. 로봇기술이든 인공지능기술이든 무인기술의 명확한 경계는 무의미하며 시대의 흐름에 따라, 사회의 취향, 요구에 따라 기술이 발전되면, 세상을 바꾸는 제품이 나오는 것이다. 본질은 바로 기술과 시대요구가 만나는 것이다. 시장의 흐름, 기술의 흐름을 볼 수 있다면, 다가올 미래 세상의 예측이 가능하고, 국가적 R&D 전략과 민간 부문의 투자 방향도 이렇게 다가올 4차 산업혁명에 적극 대응하여 재정립하는 것이 필요하다.

chapter

06

4차 산업 그리고 창업

인공지능

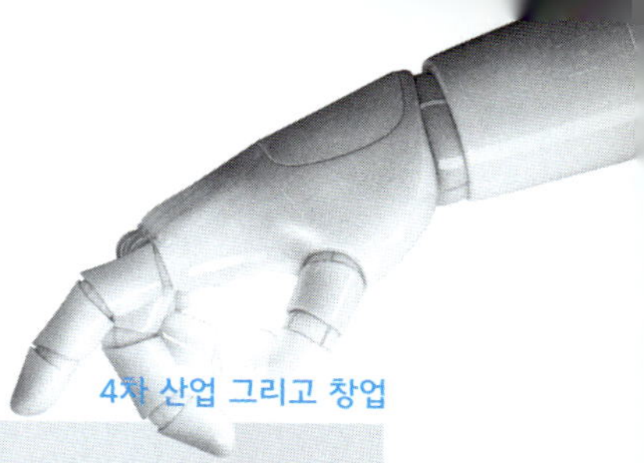

chapter

06 인공지능

'알파고 쇼크'가 전 세계를 강타한 것이 2016년이다. 구글의 인공지능(AI) 알파고가 이세돌 9단을 완파했을 때 인류가 받은 충격은 컸다. 그 1년 반 뒤 구글은 더 센 버전을 내놓았다. 새 버전은 완전 백지상태에서 혼자 가상 대국하며 훈련해 72시간 뒤 원래 버전을 100대 0으로 이겼다. 인류가 5000년간 축적한 기력(棋力)을 불과 사흘 만에 돌파하고 신(神)의 경지에 올랐다. 인간 세계에서 더 이상 적수를 찾지 못하자 구글은 알파고를 은퇴시켰다.

1. 알파고는 무엇인가?

인공지능(人工知能, Artificial Intelligence, AI)은 기계로부터 만들어진 지능을 말한다. 컴퓨터 공학에서 이상적인 지능을 갖춘 존재, 혹은 시스템에 의해 만들어진 지능, 즉 인공적인 지능을 뜻한다. 일반적으로 범용 컴퓨터에 적용한다고 가정한다. 이 용어는 또한 그와 같은 지능을 만들 수 있는 방법론이나 실현 가능성 등을 연구하는 과학 분야를 지칭하기도 한다.

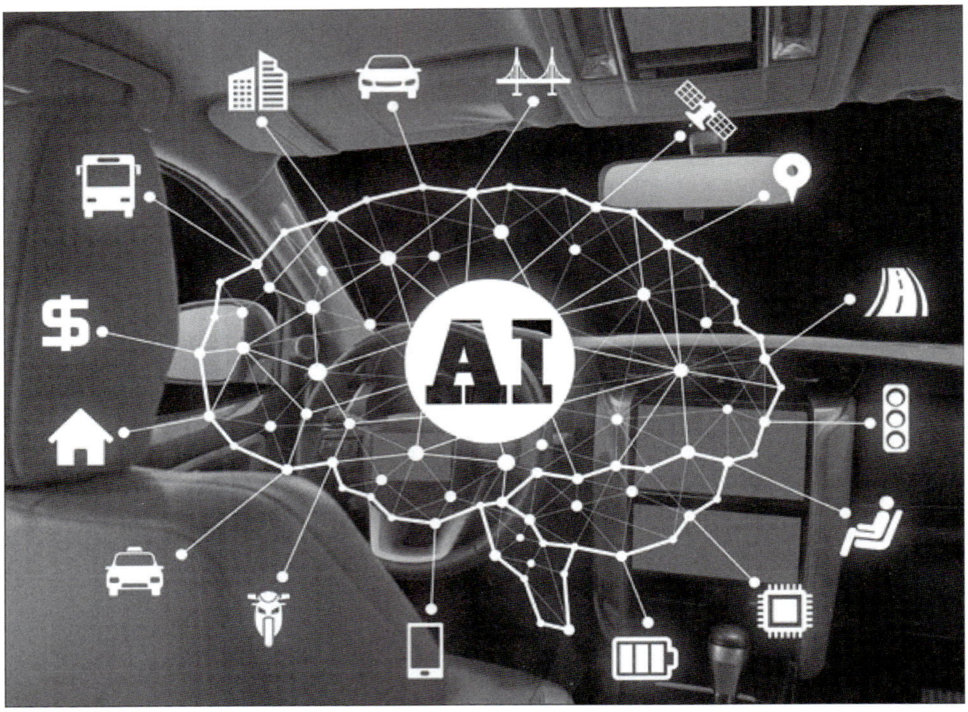

인공지능, 이것의 실체는 과연 무엇일까. 많은 전문가와 자료에 의하면 이 기술은 갑자기 하늘에서 떨어진 기술이 아니다. 우리의 뇌구조는 대략 1,000억 개의 뇌세포가 서로 연결되어 정보처리를 분산적으로 수행하는 것으로 밝혀졌다. 여기에는 크게 4가지 특징이 있다.

첫째, 수백억 개의 노드로 구성된다.

둘째, 서로 연결된 네트워크구조이다.

셋째, 그들은 하나의 중앙처리장치가 아닌 분산병렬처리방식으로 정보처리를 한다는 것이다.

넷째, 눈과 귀, 촉각 등 5감의 감각기관을 통해 얻은 기억 그리고 부모로부터 물려받은 유전자들이 어울려 평생을 통해 학습되고 기억된다는 정보처리 알고리즘이 있다.

이러한 인간의 뇌구조의 작동원리를 연구하는 학문을 뇌과학이라 하는데, 이 4가지 특징들이 고속 컴퓨터에서 구현되고, 네트워크, 병렬처리, 빅데이터로 연결되어 해석되기 시작하면서 인공지능시대가 가능해진 것이다. 여러 가지 기술들이 상호 선순환구조로 융합되면서 기술적 빅뱅이 발생한 것이다. 이런 수준의 AI 실현은 지금의 페이스북 창업자도, 구글이나 아마존도 예상하지 못한 결과일 것이다.

전 세계 수십억 사용자가 서로 데이터를 공유하며 수집된 빅데이터는 그야말로 인공지능에게는 물을 만난 고기와 같았다. 그리고 IoT 기술이라고 여겨지는 센서와 네트워크 기술은 단순 사진이나 동영상, 문서뿐 아니라 현실세계에서 벌어지는 사건, 움직임, 심지어 생체 데이터 하나까지도 놓치지 않고 생생한 데이터가 바로 거대한 저장장치에 모여지고 다시 학습되어 이제는 우리를 능가하는 거대 인공지능체가 현실로 다가오고 있는 것이다.

한국의 AI 기술력은 미국에 몇 년 뒤진 것으로 평가받는다. 사흘이면 바둑도 정복하는데, 몇 년은 거의 절망적인 격차다. 중국에도 한참 뒤처졌다. AI가 의사시험에 합격하고, 얼굴 인식 AI가 수만 군중 속에서 정확하게 범인을 찾아냈다는 식의 뉴스가 쏟아지는 게 중국이다. 2017년 중국 정부가 AI에 투자한 예산만 8조 원이었다. 한국은 1,600억 원이다. 중국 바이두는 'AI 인재 10만 명 양병론'을 추진하는데, 삼성전자는 '1,000명 확보'가 전부다. 100 대 1 게임이다.

AI의 경쟁력을 좌우하는 핵심 자산이 빅데이터다. 중국은 13억 인구가 쏟아내는 가공할 빅데이터를 가지고 있지만 우리는 그 20분의 1도 안 된다. 그나마 있는 데이터마저 개인정보보호를 이유로 규제의 족쇄를 채워 놓았다. 양(量)의 열세를 열정과 전략으로 돌파하던 우리의 주특기가 사라졌다. 돈도, 인재도, 데이터도 상대가 안 되는데, 목표를 이루려는 국가 의지마저 희미해졌다. 이래선 미래의 국가 운명이 걸린 AI 전쟁에서 이길 도리가 없다.

2. 의료업계의 A.I의 진화

(1) IBM Watson

① 불과 10분 안에 백혈병을 정확히 진단하고, 환자의 생명을 구한 IBM Watson의 저력!

"Elementary, my dear Watson" - 이 대사에 나오는 왓슨(Watson)이라는 사람은, 추리 소설 《셜록 홈즈》 시리즈에 등장하는 의사의 이름인데, 소설 속의 왓슨이 능숙한 화술을 가진 사람이라면, IBM 왓슨은 AI(인공지능)의 새로운 영웅이다.

컴퓨터가 스스로 학습, 추론은 물론 딥 러닝(Deep Learning)을 통해 고찰하면서, 방대한 정보원에서 대량의 데이터를 빠르게 분석하고, 질문에 대해 정확한 답을 하거나, 인간의 의사결정을 지원하거나 스스로 하는 인지(Cognitive) 컴퓨팅 시스템이 바로 왓슨이다. 인지라는 것은 '경험적인 지식에 근거한다', '인지력이 뛰어나다'라고 하는 의미이다. 인공지능 왓슨이라는 이름은 IBM의 창립자 토마스 왓슨에서 기인한 이름이다.

2016년 8월 4일, 도쿄대학 의료학 연구소가 왓슨이 60대 여성 환자의 백혈병을 불과 10분 만에 판별하고, 적절한 치료를 해 환자의 생명을 구했다는 뉴스를 보고 AI나 의료에 종사하고 있는 많은 사람들조차 놀라움을 금치 못하였다.

② 냉정한 판단이나 정확한 행동이 필요한 의료현장에서의 AI 활약

왓슨은 자연어 분류나 대화, 검색이나 문서교환, 음성인식, 음성합성 등의 고도 기능을 갖춘 애플리케이션으로 개발이 되었다. 또한 언어가 가지고 있는 미묘하고 애매한 뉘앙스나 표현의 섬세함을 멋지게 극복할 수 있다. 대화의 문맥에서 그 의미를 추론하고, 경험을 축적하여 습득하기 때문에 그 의미나 의도를 파악할 수 있다.

항상 냉정한 판단이나 정확한 행동이 필요한 의료현장에서 환자와 의사가 자연스러운 대화를 하면서 질문의 의도를 정확히 이해하고, 방대한 정보에서 적절한 답을 빠르게 끄집어 낼 수 있는 왓슨의 대응력은 신뢰도가 매우 높다.

미국과 태국에서는 암 진단에 왓슨이 활용되기 시작했고, 일본에서도 도쿄대학 의과학연구소 등이 중심이 되어 암 게놈(Genom) 해석 분야의 공동연구가 시작되었다. 일본 IBM 왓슨사업부에 의하면 왓슨은 의료 종사자라도 약 1개월 정도의 시간이 걸리는 방대한 양의 문헌을 단 20여 분 만에 읽고 해독을 할 수 있다고 한다. 암세포에 관한 수십만 건의 데이터에서 중요한 데이터를 선택하는 것도 매우 간단히 진행한다. 전문의도 깜짝 놀랄 시간에 백혈병을 판단하기도 한다.

앞서 왓슨이 60대 여성 환자의 백혈병을 불과 10여 분 만에 정확히 진단하고 환자의 생명을 구한 사례를 이야기하였는데, 이 환자는 급성골추성 백혈병으로 진단을 받고 약 6개월간 2종류의 항암제 치료를 받았으나 증상이 전혀 개선되지 않았다고 한다. 그러나 도쿄대학 의과학연구소 왓슨은 약 2,000만 건 이상의 암에 관한 논문을 학습하여 추론한 결과, 담당 의사에게 정확한 병명(2차성 백혈병)과 치료법을 제안하였고, 치료 결과 수개월 만에 환자의 증상이 나아져 통원치료를 할 정도로 회복되었다고 한다. 왓슨의 정확한 진단이 없었다면, 백혈병의 원인을 모르고 있을 환자는 더더욱 상태가 악화되어 면역부전에 의한 패혈증으로 사망할 확률이 매우 높았다.

이와 같은 병명진단은 통상 여러 명의 의사가 병상이나 유전정보를 바탕으로 의학논문을 참고로 하지만, 방대한 논문에서 찾거나 확인하는 일은 엄청난 시간과 노력이 절대적으로 필요하다. 따라서 의사의 중요한 일 중의 하나는 AI가 내리는 진단 확인과 치료처리, 의견과 방법을 찾아내는 연구 분야에 특화하여야 할지 모른다.

(2) 일본의 White Jack

① 의료현장에서 환자와 의사의 WIN-WIN, 정확한 진단과 신뢰성 높은 '화이트 잭'

앞으로 2~3년 안에 웨어러블과 디바이스가 인간을 거치지 않고, 서로가 간단히 접속할 수 있게 되면, 방대한 의료 영역에서의 정보는 우리 모두에게 손쉽고 간결하게 공유될 것이다. 의료정보가 여러 곳과 연결이 되면 병원과 생활환경의 거리는 좁혀지고, 의료와 재활 그리고 일상생활은 자연스럽게 일체화가 된다.

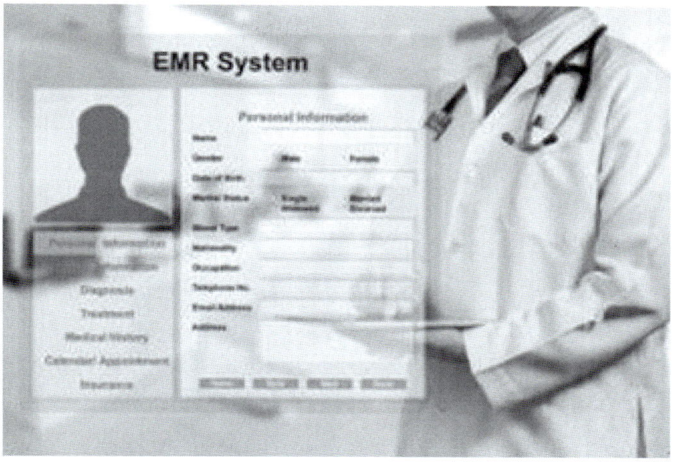

일본에서 개발된 인공지능에 의한 의료진단시스템 '화이트 잭'

AI에 대한 미래의 기대감은 매우 크고 향후 우리 생활에서 없어서는 안 될 아주 중요한 역할을 할 것이다. 의료, 예방, 간호, 약 제조, 자동차, 보안, 주택, 교육, 쇼핑, 패션, 스포츠 등등 여러 부문에서의 역할이 기대된다. 지금까지 "재미있다"라는 측면에서 활성된 로봇 개념이 아니라, 빅데이터를 바탕으로 하여 인공지능을 최대한 이용하는 것이 얼마나 우리 생활에서 중요한 역할을 하는지를 점차 피부로 느끼고 있다.

인공지능이 치료법을 탐색하는 시도는 과거에도 여러 번 있었지만, 환자의 병상이나 검사 결과 등에서 여러 질환을 제시하는 것은 세계에서 처음 시도되었다. 환자의 진찰기록의 데이터, 치료법, 검사법, 처방약 등 약 8,000만 건을 축적한 의료 데이터 뱅크, 예상할 수 있는 질환을 검색, 분석, 제시하는 AI '화이트 잭'은 이상의 3가지 기술로 검사 결과를 구축하고 있다.

② 화이트 잭의 진찰 흐름

환자는 진찰할 때 ID 카드를 로봇에 보여 준다. 로봇의 지시에 진찰표에 병상이나 발병 시기 등을 입력한다.

정보를 받은 AI '화이트 잭'은 의료 빅데이터 뱅크에 연결하여 과거의 진찰이력,

예상되는 병명, 발병 확률, 전문의가 처방하는 약의 비율, 필요한 검사방법 등을 검색 및 분석하여 진찰기록을 출력한다.

의사는 환자의 검진에서 본 상세한 병상 등에 대하여 추가로 입력하면 '화이트 잭'은 병명, 발병 확률을 다시 검색과 분석으로 판단하여 더욱더 정밀한 의료 데이터를 기재한다.

의사는 이렇게 해서 얻은 정보를 객관적으로 판단하여 진단을 한다.

'화이트 잭'을 탑재한 인공지능 진단 시스템의 장점과 중요성은 클라우드에 있는 과거의 방대한 의료 빅데이터를 활용하여, '화이트 잭'과 의사가 데이터를 더블 체크하면 오진(誤診)이 줄어들고 진단 정확도가 높아지는 것뿐 아니라, 의사는 최적의 치료방법을 설정할 수 있게 된다는 것으로 최적, 최선의 진단정보를 바탕으로 빠른 결과를 얻을 수 있게 된다.

결과적으로, 의사는 고도의 진단과 높은 확신으로 의사결정을 할 수 있게 되고 실수를 사전에 막을 수 있게 된다. 한편, 환자는 신뢰성이 높은 진단뿐 아니라, 안심하고 정확한 검사나 치료를 받을 수 있게 되니, 서로 윈-윈(Win-Win)하는 정보시스템이라고 할 수 있을 것이다.

3. 자동차의 AI

인간지능을 모방한 인공지능(AI)이 자동차 산업에서는 대규모 R&D 투자, 기술 기업들과의 파트너십 구축, AI 스타트업 인수 등을 통해 혁신적인 AI 시스템을 구축하고 있다. 인공지능이 자동차와 결합하면서, 자동차 산업은 또 다른 길에 들어서고 있다.

(1) 자동차 시장의 지각변동

완전 자율주행차 시장을 선점하기 위한 자동차 제조사와 기술회사들 간 합종연횡이 활발하다. 2018 CES(Consumer Electronics Show)는 그 생생한 현장이었다. 폭스바겐은 엔비디아(NVIDIA), 우버와 자율주행차 협업을 발표했다. 폭스바겐은 차세대 전기차 모델인 ID에 자율주행 인공지능 플랫폼 드라이브 IX(NVIDIA DRIVE IX)를 탑재할 계획이다.

엔비디아는 아우디, 토요타, 테슬라, 바이두(Baidu)와도 파트너십을 맺었다. PSA 그룹은 AI 스타트업 AI 모티브(AI motive)와 협력하에 2025년을 목표로 레벨 4 자율주행기술을 개발하고 있다. 혼다는 중국 AI 스타트업 센스타임(Sense Time)과 향후 5년에 걸쳐 AI 기반 자율주행기술을 공동 개발한다. 포드는 AI 스타트업 아르고 AI(Argo AI)를 10억 달러에 인수했다.

인공지능과 딥 러닝이 자율주행차의 핵심이 됐다. 딥 러닝(Deep learning), 즉 심층학습은 이미 고해상도의 카메라 등장과 컴퓨터의 발전으로 인식 능력과 판단력에서 빠른 발전을 보이고 있다. 많은 자동차 회사들이 2020년대 초반에 실현을 목표로 하고 있는 레벨 4 이상의 자율주행차를 위해서는 딥 러닝은 중요한 요소다. 고해상도의 카메라와 그를 바탕으로 하는 심층학습이라고는 하지만, 볼보의 자동차가 두 발로 걷는다는 이유로 캥거루를 사람으로 인식한 것에서 보았듯이 아직까지 완벽하지는 않다. 운행 중 굳이 구분할 필요는 없지만 남자와 여자를 구분하지 못한다.

지금 당장은 기술 개발을 위해 자동차회사들은 인텔, 모빌아이(Mobil Eye), 엔비디아 등과 공동으로 참여하고 있다. 학습 능력이 뛰어난 것은 알파고를 통해서 이미 입증됐다. 그것을 자동차에 어떻게 적용하느냐의 과정과 궁극적인 안전장비로서 활용할 수 있도록 인식 능력과 판단력을 높이는 것이 관건이다.

자율주행 시장에서의 AI : 정의, 2016~2023년 이후

2016 •——• 2017 •——• 2020 •——• 2025

Level ⇨	①	②	③	④	⑤
Frost & Sullivan정의	운전자가 모니터링하는 동안 차량 동작의 핵심 기능 중 하나가 시스템에 의해 수행된다.	운전자가 모니터링하는 동안 두 가지(또는 그 이상)핵심 기능이 시스템에 의해 수행된다.	특정 동작 조건 하에서, 시스템이 차량을 제어하며 운전자의 요청이 있을 때 개입해야 한다.	시스템은 운전자가 개입하지 않아도 자동모드에서 차량을 안전하게 제어한다.	모든 동작 조건 하에서 운전자가 운전석에서 벗어나 있어도 시스템은 차량을 적절하게 제어할 수 있다.
수행능력(Ability)정의	• 적응형 순항제어 • 긴급제동	• 테슬라 오토파일럿 • 혼잡구간주행지원시스템 • 차선유지지원시스템	• 최소한의 운전자 개입으로 도시/고속도로 주행-Audi Autopilot	• 최소한의 운전자 개입으로 도시+고속도로 주행 • 완전 자동주차	• 완전한 자율주행 차량
AI 적용분야	없음	없음	예, 신형 A8(zFAS):보행자,교통신호,도로표지판 검출. 시나리오의 변화를 학습하고 지속적으로 개선한다.	모든 도로표지판과 신호등을 감지하여 진보된 경로 계획과 복잡한 교차로를 탐색하며 가능한 모든 상황을 구별하고 올바른 가설을 세운다.	진정한 L5자율주행의 경우, 자동차는 도어투도어(door-to-door)운송 서비스를 제공해야 한다. 이것은 전체 시스템이 AI에 의해 관리돼야 한다.

AI와 관련하여 정의된 자동화 수준(Forst & Sullivan)

(2) AI와 동행하는 자율주행자동차

자율주행차의 구현을 위해 중요한 요소로 업계는 이미 상당 수준의 기술 발전을 보이고 있다. 다임러 AG는 이미 인간의 인식 능력에 가까운 심층 학습 능력을 다양한 방법을 통해 실증해 보이고 있다. 다양한 운전 조건에서 자동차의 제어 능력을 높이기 위해 AI가 사용된다. 그러나 오늘날 차량 컴퓨터 시스템은 필요한 AI 소프트웨어 및 하드웨어 양에 크게 미치지 못한다. 보그워너(BorgWarner Inc.) 엔지니어들은, 현재 완전 자율주행차에 필요한 컴퓨팅 성능은 50대에서 100대의 노트북을 동시에 연결하여 동작시키는 것과 같다고 언급했다.

자율주행 및 연결성은 자동차 산업의 미래를 이끌어 갈 메가트렌드임에 틀림없다. 자동차산업에서 자주 회자되는 '연결성(connectivity)'은 정보 및 다른 사람들과 연결되

기를 원하고, 자동차 제조업체들은 이러한 작업을 수행할 수 있도록 AI를 활용한다.

자동차 기술은 운전자를 돕는 데 중점을 두고 개발된다. AI 기반의 인포테인먼트(infortainment) 시스템은 운전자와 승객이 음성명령을 통해 이메일을 송수신하고 인터넷을 검색하며 스마트폰 앱을 수행할 수 있다. 일부 차량에는 곧 자체 Wi-Fi 핫스팟이 포함될 것이다. 귀가시간 및 지오펜싱(geo-fencing) 기능은 자녀가 특정 속도 이상으로 운전하거나, 지정된 반경을 벗어나 운전하거나, 부모가 승인한 시간대를 벗어나 운전하는 경우에 알려준다.

AI가 커넥티드카에 제공하는 가장 중요한 점은 안전성 향상이다. V2V(Vehicle-to-Vehicle) 기술을 통해 커넥티드카는 서로 통신한다. V2V 기술은 각 차량이 주변의 다른 차량과 정보를 교환함으로써 사고를 줄일 수 있다. 연결성의 고도화 추세는 AI/자동차 분야에 진출하고자 하는 개발자들에게 새로운 기회를 제공할 것이다.

4. AI 이후 인간의 삶

새로운 기술을 개발한 사람뿐만 아니라, 그 기술을 사용하는 사람에게도 지금보다 많은 수요와 고액의 급여가 발생할 것이다. 예를 들면, 자율운전이 가능한 수백 대의 택시를 시스템상에서 관리하고, 돌발적인 사고에 대비하도록 시스템상에서 고도의 응용기술을 구사하는 기술자들에게는 다른 일반 사무원보다 고액의 급여가 지불되어도 전혀 이상할 것이 없을 것이다. AI가 자기 자신을 제어할 수 있게 되기까지는 아직 많은 시간이 걸릴 것이고, AI를 사용, 구사하는 사람에 따라서 당연히 기술적인 차이가 일어나 그에 따른 급여 차이가 나는 것도 당연할 것이다.

(1) AI로 대체되는 직업

AI에 의한 직업대체 중에서는 의사나 변호사 등 전문 분야에서도 상당 부분 대체될 수 있지 않을까 예상한다. 병의 진단, 법률 해석, 혹은 이해대립이 있는 심각한 교섭도 AI가 누구보다 더 훌륭한 판단을 내릴 수 있는 가능성이 매우 높을 것이다. 예를 들면, AI를 잘 운용하여 일반 변호사보다 100배 이상 사건을 처리할 수 있어 많은 수임료를 얻는다면, AI를 잘 운영하지 못하는 변호사로부터 다수의 사건을 빼앗아 오지 말라는 법은 없을 것이다. 또한 의료 분야에서도 AI로봇 등을 사용하여 기술 수준이 높은 의사와 그렇지 못한 의사와의 격차는 확대될 가능성이 충분히 있다.

AI 대상으로 금방이라도 운영이 가능한 직업은 정해진 규칙에 의하여 처리되는 각종 행정이나, 그것에 부수하는 서비스업일 것이다. 예를 들면, 공무원의 사무적인 일의 대부분은 비교적 간단한 AI에 대체 가능할 것이다. 즉, 주민번호를 활용하여 개인의 사업 내용, 소득, 세금 계산, 징수 업무 등을 간단히 할 수 있는데, 이럴 때는 세무사와 변리사는 필요 없게 될 것이다. 하지만 모든 일을 AI가 빼앗지는 않을 것이다. 시간과 노력이 당연히 걸리겠지만, 한마디로 이야기하면, 기존의 권리와 특권을 가지고 있는 인간들이 그러한 기득권을 순순히 놓지는 않을 것이다. 일부러라도 변리사에게 일을 주려고 매년 세금에 관한 법률을 변경하거나 개정하여 공무원은 일부러 일을 복잡하게 만들어서 AI로부터 인간의 업무가 빼앗기지 않도록 저지할지도 모르겠다.

생산효율의 비약적인 향상에 의하여 여가가 늘어나는 상황은 경제학자 케인즈가 예상하지 못한 세계이지만, 앞으로의 기술발전은 이것을 가능하게 할 것으로 보인다. 이 경우 유망 직업의 하나는 타인에게 여가를 누리게 하는 스포츠, 예술, 예능 등의 엔터테인먼트가 될 것으로 생각한다. 그러한 면에서 보면, 지금 많이 늘어나고 있는 '아이돌'이라는 업종은 장래에 매우 밝은 사업 중의 하나가 될 것이다. AI의 발전을 계기로 엔터테인먼트의 '아이돌'이 발전하게 되는 것이 어찌보면 아날로그적인 인간사회로 회귀하는 것일지도 모르겠다.

(2) 4차 산업 유망직업 및 기술

AI기술의 발전과 함께 이익증대는 더더욱 한쪽으로 쏠릴 것이 자명하다. 이러한 사회가 되면 어떠한 경제 정책이 중요하게 될까를 예측하여야 할 것이다. AI에 대한 이노베이션의 중요성은 정부가 투자하여서 계획적으로 만들어 낼 수 있는 것이 아니다. 정부의 역할은 소득, 투자에 대한 부의 재분배다. 납득이 되는 부의 재분배의 법을 만들고 그 효율적인 구조가 앞으로의 경제정책으로서 가장 중요한 것이 될 것이다. 이노베이션은 사람의 의도로 제어되지 않지만, 다행스럽게 재분배는 사람이 만들고 실행할 수 있다.

4차 산업 유망 직종(고용정보원)

출처 : 한국고용정보원

(3) '일을 하지 않아도 생활할 수 있다'- 노동윤리의 변경

납득이 되는 재분배 구조를 만드는 것과 동시에 중요한 것은 노동에 대한 윤리관의 변경이다. 이전에 스위스 국민투표에서 기초수입보장(Basic Income, BI)이 매우 커다란 차이로 부결된 적이 있다. 이때 반대 이유 중의 하나가 BI의 존재가 일을 하는 환경, 의욕 등을 방해할 것이라는 걱정이었다. 모두가 일을 하는 의욕을 저하시키는 BI 자체가 존재할 수 없게 되고, 노동이 줄어들면 노동 임금이 올라가기 때문에 이러한 기우는 단순한 걱정이라고 생각하지만, '일을 하지 않는 사람'에 대하여 윤리적인 죄악감이나, 처벌하기 쉬운 의식이 있을 것으로 보면 걱정이 앞서기는 하다. AI기술의 발전에 의한 생산성의 비약적인 향상과 특정 부분의 이익 증대는 일하지 않아도 괜찮은 사람을 늘리는 것과 함께, 경제적인 대가에 연결되어 일을 하지 못하게 하는 사람이 늘어날 것이다.

chapter

07

4차 산업 그리고 창업

사물인터넷

chapter

07 사물인터넷(IoT)

1. 사물인터넷이란?

사물인터넷(Internet of Things, IoT)은 다양한 사물에 센서와 통신장치를 내장하여 인터넷에 연결하는 기술, 즉 무선통신을 통해 각종 사물을 연결하는 기술을 의미한다. 인터넷으로 연결된 사물들이 데이터를 주고받아 스스로 분석하고 학습한 정보를 사용자에게 제공하거나 사용자가 이를 원격 조정할 수 있는 인공지능기술이다. 여기서 사물이란 가전제품, 모바일 장비, 웨어러블(wearable) 디바이스 등 다양한 임베디드(embedded) 시스템이 된다. 사물인터넷에 연결되는 사물들은 자신을 구별할 수 있는 유일한 아이피를 가지고 인터넷으로 연결되어 있다.

출처 : 글로벌경제신문

2. IoT의 시작

인터넷이 있기 오래전에 많은 과학자들이 현재의 기술을 예견해왔다. 그중에 사물 인터넷과 관련된 몇 가지 흥미로운 예측들을 한번 보자.

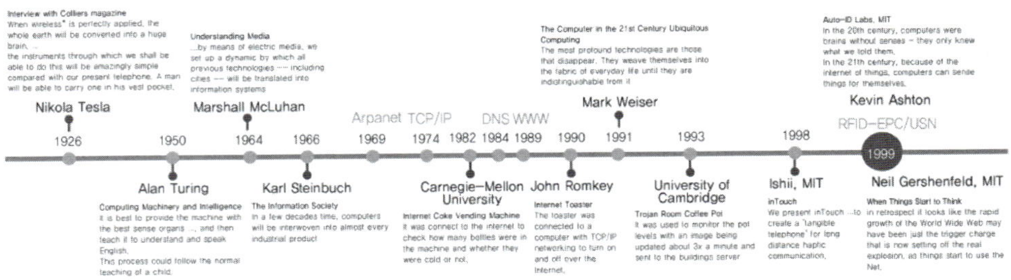

출처 : ETRI

교류 전기를 발견한 Nikola Tesla(1856~1943)는 무선통신에도 매우 관심이 높았다. 1923년 잡지 인터뷰에서 Tesla는 "미래 전 세계는 무선네트워크로 연결된 거대한 두뇌로 바뀌게 될 것이다. 이때 우리가 쓰는 디바이스는 매우 단순하고 주머니에 넣고 다닐 것이다."라고 말하며, 지금의 무선통신과 스마트폰을 예견했다.

1989년에는 www가 나오면서 인터넷은 양적 · 질적으로 급팽창하게 되었다. 1991년 Mark Weiser(1952~1999)가 'The Computer of the 21st Century'라는 논문을 통해 앞으로 컴퓨터는 우리의 일상생활 속에 들어와 네트워크를 통해 서로 연결되어, 눈에 보이지 않게 서비스를 제공하는 인간 중심의 컴퓨팅 환경이 되어야 한다고 했다. 이러한 유비쿼터스 컴퓨팅의 개념이 바로 지금 IoT의 근간이라고 할 수 있다.

3. IoT의 주요 기술

(1) 센싱(sensing) 기술

- 기본적인 온·습도, 열, 조도, 초음파 센서 등을 포함하여 원격 감지, SAR, 레이더, GPS, 카메라 등 유형의 사물과 환경으로부터 정보 취득
- 스마트센서/기기 : 표준화된 인터페이스 제공

(2) 유무선 통신 및 네트워크 인프라 기술

WPAN(Wireless Personal Area Networks), WiFi, LTE, RFID, Bluetooth, Ethernet, BcN, 위성통신, Microware 등 인간과 사물, 서비스를 연결시킬 수 있는 모든 유·무선 네트워크를 의미한다.

(3) IoT 서비스 인터페이스 기술

IoT 서비스 인터페이스는 IoT의 주요 3대 구성 요소(인간·사물·서비스)를 특정 기능을 수행하는 응용서비스와 연동하는 역할을 의미한다.

- 정보를 센싱, 가공/추출/처리, 저장, 판단, 상황 인식, 인지, 보안/프라이버시 보호, 인증/인가 등
- 오픈 플랫폼 기술, 미들웨어 기술, 데이터 마이닝 기술, 웹 서비스 기술, 소셜네트워크 등 서비스 제공을 위해 인터페이스(저장, 처리, 변환 등) 역할 수행

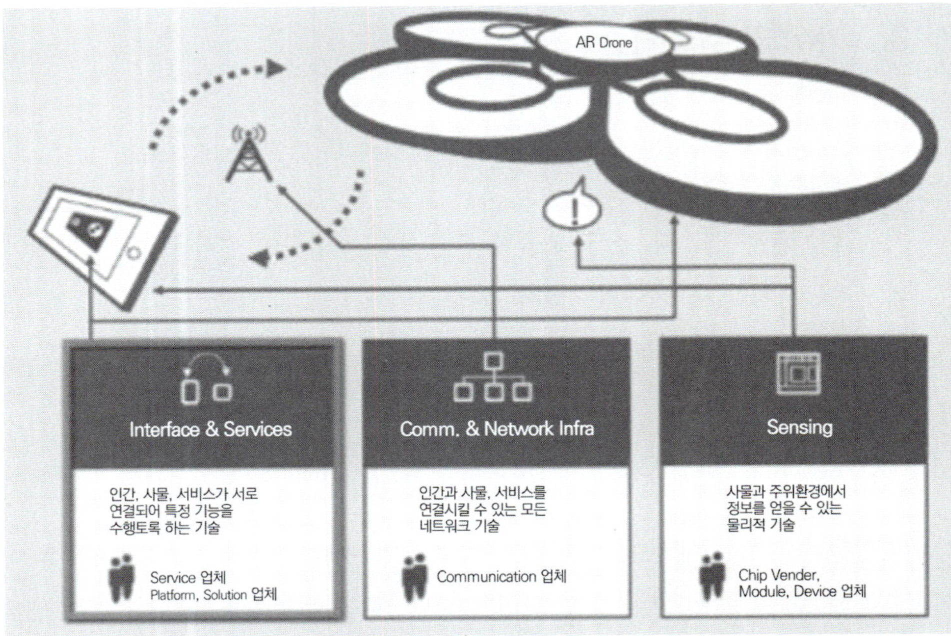
AR Drone
Interface & Services
인간, 사물, 서비스가 서로
연결되어 특정 기능을
수행토록 하는 기술
Service 업체
Platform, Solution 업체
Comm. & Network Infra
인간과 사물, 서비스를
연결시킬 수 있는 모든
네트워크 기술
Communication 업체
Sensing
사물과 주위환경에서
정보를 얻을 수 있는
물리적 기술
Chip Vender,
Module, Device 업체

출처 : 구글

4. 사물인터넷에 주목해야 하는 이유

그렇다면 왜 사물인터넷(IoT)에 주목해야 하는 것일까? 그 이유는 무엇보다 다양한 분야에서 활용할 수 있는 가능성이 무궁무진하기 때문이다.

세계 주요 기관들은 IoT 시장이 빠르게 성장해 엄청난 경제적 가치를 창출할 것으로 전망하고 있다. 조사 기관에 따라 조금씩 다르지만, Gartner는 31.4%, IDC는 12.5%, Machina Research는 26.2%의 연평균 성장률로 IoT 시장이 성장할 것으로 예측하고 있다(2018년 기준).

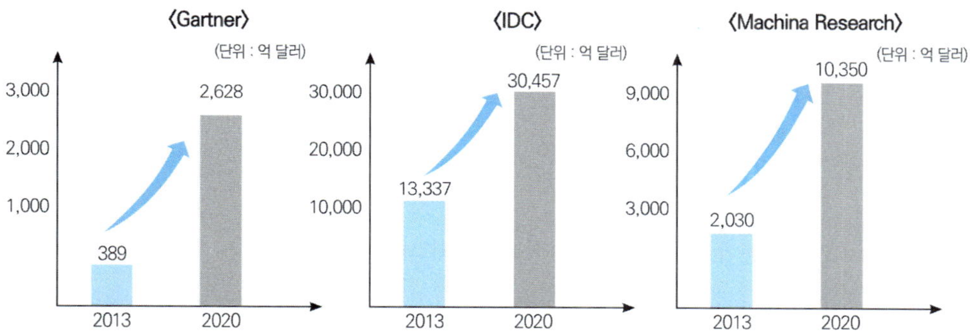

또한 Gartner는 IT기술이 빠르게 발전하면서 IoT 핵심기술인 센서와 통신 대역폭 비용이 낮아짐에 따라 IoT 제품이 2020년에는 약 250억 대에 이를 것이라는 긍정적 전망을 내놓고 있다. 그에 따라 현재 스마트 에너지(smart energy), 스마트 팩토리(smart factory), 스마트 헬스(smart health), 스마트 교통(smart transportation) 등 다양한 산업에서 빠르게 적용되고 있다.

IoT의 Things에 해당하는 제품은 크게 생활가전과 신성장 제품으로 구분할 수 있다. TV, 냉장고, 세탁기, 전자레인지 등으로 대표되는 생활가전 제품은 GE, 하이얼, 삼성, LG 등 글로벌 기업들을 중심으로 시장이 형성되어 있다. 그러나 생활가전 제품과 달리 스마트 밴드, 의료, 조명, 난방 등 신성장 제품은 아직 확실한 사업 지배자가 존재하지 않는다. 그렇기 때문에 가전, 통신, IT 등 많은 기업들이 IoT 시장에 참여함에 따라 경쟁을 토대로 빠르게 성장할 것으로 전망된다.

5. 사물인터넷의 발전 방향

낙관적인 전망 속에 많은 사물인터넷(IoT) 제품과 서비스가 출시되고 있지만, 실제 생활에서 사용되고 있는 혁신적인 제품은 많지 않다. 가장 큰 원인 중 하나는 IoT에 대한 '있으면 좋지만, 반드시 필요하지 않은 제품'이라는 소비자 인식이다. 즉, 무엇보다 소비자를 만족시킬 수 있는 제품을 출시하는 것이 가장 바람직하다고 할 수 있다. 그럼에도 불구하고 IoT 제품으로서 성과를 거두고 있는 제품의 특징은 무엇일까?

(1) 소비자용(Consumer) IoT

IoT는 주로 소비자 중심의 Consumer IoT 영역에서 발전되어 왔으며 현재도 Consumer IoT는 시장에서 가장 큰 비중을 차지하고 있다. 가트너에 따르면 2018년 세계 IoT 디바이스의 숫자는 작년보다 31%가 증가한 약 84억 대 수준으로 예상하며, 그중에 Consumer IoT 디바이스 시장이 전체의 약 63%를 차지한다고 발표하였다. 최근 Consumer IoT 분야 기업들은 어떻게 새로운 제품군을 만들고 이를 통해 새로운 생태계를 만들어 갈 것인가에 많은 고민을 하고 있다.

명확한 타깃 고객 설정은 이 시장에서 매우 중요하다. 대표적인 예로 2014년 구글이 인수해 주목받고 있는 스마트 스푼 리프트웨어(Liftware)가 있다. 리프트웨어는 손떨림, 근육경직 등 신체활동이 점차 불편해지는 파킨슨병을 앓고 있는 환자들을 타깃 고객으로 제작되었다. 리프트웨어의 작동원리는 진동 감지센서를 통해 손떨림 주파수를 분석하여 떨림 보정 기능을 지원해 도구를 안정적으로 사용할 수 있도록 하는 것이다. 리프트웨어(Liftware) 덕분에 미국에서만 200만 명에 달하는 파킨슨병 환자들이 약 300달러를 투자해 자신의 자존감을 회복할 수 있게 되었다.

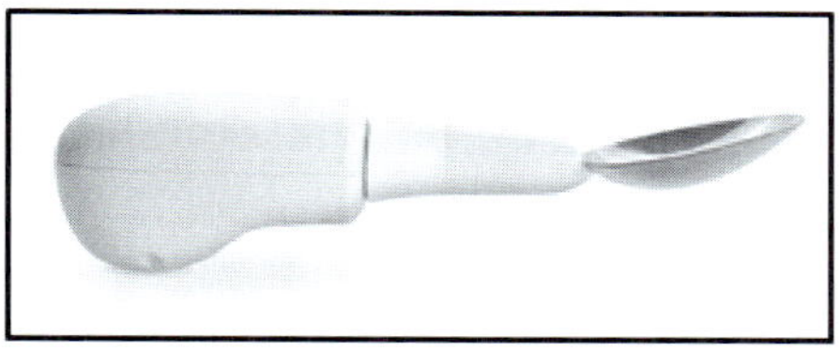
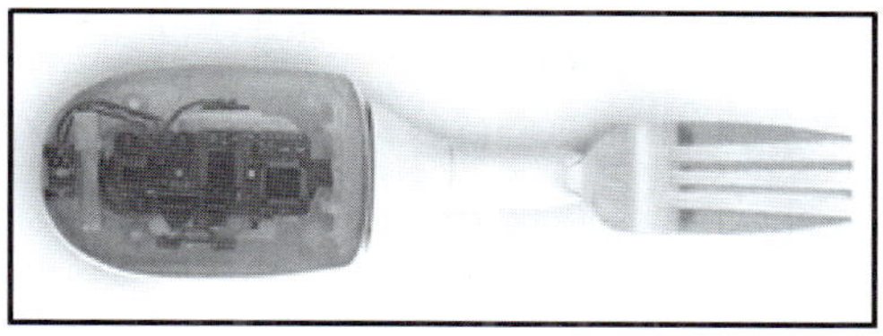

파킨슨병 환자를 위한 스마트 스푼 리프트웨이

출처 : liftware.com

웨어러블의 경우는 헬스케어를 위한 단말기로 발전하면서 스마트홈 등 다른 IoT 서비스와의 융합이 활발하게 일어나고 있다. 그 밖에도 스마트 기저귀, 스마트 머리빗, 스마트 쓰레기통, 스마트 우산, 스마트 콘돔 등 수많은 새로운 아이디어 제품들이 출시되면서 새로운 제품시장을 열어가고 있다.

출처 : fitbit.com

(2) 산업용(Industrial) IoT

최근 IoT의 확대 측면에서 주목해야 하는 것이 Industrial IoT 분야이다. 기존 소비자 영역에서의 IoT가 제조, 에너지, 건설, 농업 등 타 산업 영역으로 확대되고 있으며 이에 따라 공장설비, 발전기, 공조기, 의료기기, 건설장비 등 산업용 기기가 인터넷으로 연결되고 이를 통해 인터넷 기반의 새로운 산업융합 생태계가 만들어지고 있다.

이러한 산업용 기기는 기존 소비자용 기기와는 크게 다른 특성을 갖는다. 웨어러블의 평균 수명이 6개월이라면 터빈의 수명은 25년이 넘는다. 스마트폰에 문제가 생기면 전화 통화가 끊기는 것에 불과하지만 발전소가 터지면 엄청난 재앙이 된다. 데이터양 역시 산업용 기기는 소비자용 기기와 비교가 안 될 정도로 많은 데이터를 실시간으로 쏟아낸다.

이러한 특성 때문에 산업용 기기들은 오래전부터 ICT 영역에서 활용하는 일반적인 네트워크나 제어 시스템이 아닌 독자 기술로 발전되어 이를 OT(Operational Technology)라고 한다. 산업용 네트워크인 필드버스(Fieldbus), 산업용 컨트롤러인 PLC(Programmable Logic Controller) 등이 여기에 해당된다. 하지만 최근에는 이러한 OT가 기존 IT와 기술적으로 융합되면서 Industrial IoT 분야로 급속하게 발전하고 있다.

Accenture에 따르면 Industrial IoT의 GDP 창출 규모는 2030년 약 10조 6,000억 달러, 관련 법 제정 및 제도 정비 등이 뒷받침될 경우 최대 14조 2,000억 달러에 이를 것으로 전망하였다. 이러한 배경에서 GE를 비롯하여 CISCO, IBM, Intel, SAP 등 글로벌 기업들이 이 Industrial IoT에 뛰어들었다. 특히, GE는 물리공간의 기기 또는 설비를 가상공간상에 그대로 모사한 디지털 트윈(Digital Twin)을 만들고 이를 통해 기기나 설비의 상태를 진단, 예측, 대응할 수 있게 하는 프레딕스(Predix)라는 플랫폼을 갖게 되었으며 산업인터넷(Industrial Internet)이라는 새로운 비즈니스 영역을 만들어가고 있다.

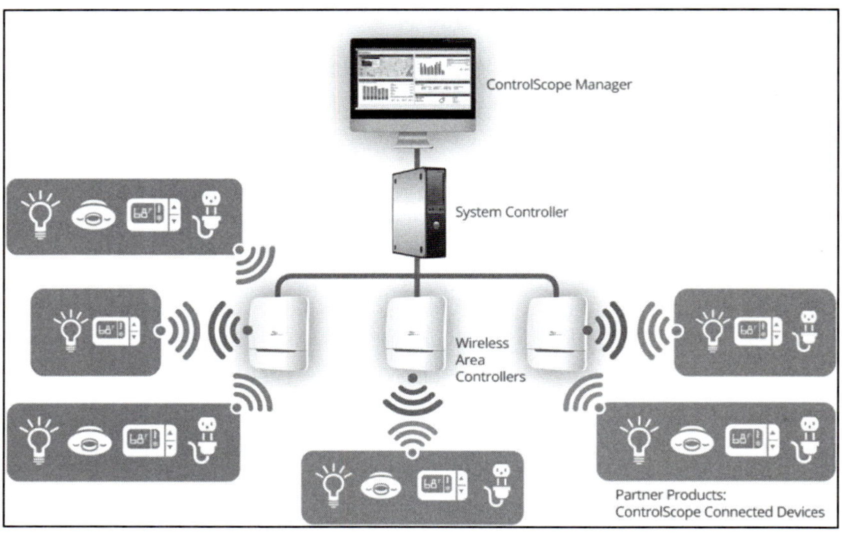

출처 : GE Predix

6. 사물인터넷의 적용 사례

(1) 장비의 센서데이터

일본의 코마츠(Komatsu) 회사의 경우 이 회사에서 생산된 건설기계 차량에 다양한 센서를 부착하고 센서데이터를 수집 및 관리하고 있다. 예를 들면, 굴삭기나 불도저의 동작 및 상태에 관한 모든 센서를 중앙관리센터로 보내고 있다. 이를 통해 현재 잘 작동하고 있는지 아니면 어떤 문제가 발생되는지 모니터링 할 수 있다. 코마츠의 중앙관리센터에서는 세계 각국에 퍼져 있는 이 회사의 모든 장비들의 센서를 수집하고 관련 정보를 고객에게 제공해주는 서비스를 운영하고 있다. 즉, 장비의 오류 및 연료 부족까지 실시간으로 데이터를 수집 및 분석하여 고객과 대리점에 대시보드 형태로 정보를 전송하고 있다.

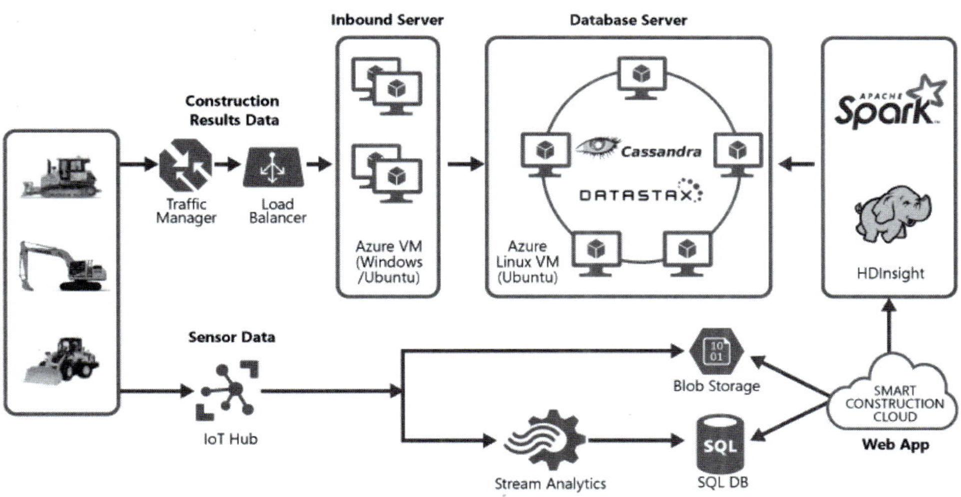

출처 : Komatsu

이 모니터링 시스템을 통해 장비가 고장났을 때 고장 원인을 빠르게 추정하여 고객에게 정보를 제공함으로써 고객은 빠르게 장비를 수리할 수 있고 비용 및 시간을 절약할 수 있는 효과를 얻을 수 있다. 또한, 위치 추적을 통해 장비 도난을 사전에 방지할 수도 있다. 따라서 고객은 안전하게 코마츠의 장비를 사용할 수 있으며, 유지보수까지 쉽게 할 수 있어서 판매량은 증가하고 있는 추세이다.

미국 조지아 애틀랜타에 위치한 맥키니(Mckenney's) 회사는 건물 자동화 및 제어시스템 등 다양한 서비스를 제공하는 회사이다. 이 회사는 몇 년 전 미국 공군기지의 에너지 관리 프로젝트를 맡았으며 빌딩 내 에너지를 관리하는 시스템을 개발하였다. 먼저 빌딩 내 수만 개의 센서를 설치하고, 이를 통해 데이터를 수집 및 분석하여 실시간으로 모니터링할 수 있게 만들었다. 온도, 습도, 빛 등 다양한 센서데이터를 통해 비효율적으로 에너지를 사용하는 문제점을 발견하게 되었고, 해결책 또한 분석을 통해 찾아낼 수 있었다. 결국 이 시스템을 통해 전체 에너지 사용의 20% 정도를 절감하는 효과를 얻을 수 있었다.

(2) 병원에서의 사물인터넷 사례

미국의 경우 블루투스 청진기 및 병원 내 자율 주행카드 등 병원에서도 사물인터넷 기술을 활발히 적용하고 있다. 위치기반 서비스를 통해 환자의 동선을 확인할 수 있으며 환자의 용무에 따라 걸리는 시간도 파악할 수 있다. 이런 데이터를 분석하여 환자에 따라 동선을 다르게 제공할 수 있으며 예약시스템에도 반영하여 평균 대기환자 및 대기시간이 감소하는 효과를 얻을 수 있었다.

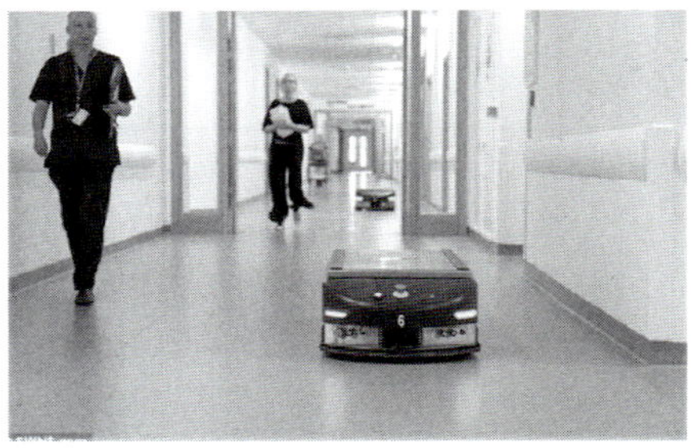

출처 : 구글

또한 수액 봉지에 센서를 부착하고 수액 모니터링 시스템을 통해 각 환자의 투액 상태를 확인할 수 있다. 간호사는 직접 병실을 가지 않아도 남은 수액량을 알 수 있으며, 언제 병실에 가야 하는지 시스템에서 확인할 수 있다. 이로 인해 간호사는 효율적으로 자기시간관리를 할 수 있고 시간절약뿐 아니라 친절도도 자연스럽게 높아지는 효과를 얻을 수 있다. 이와 비슷하게 소변량 모니터링 및 낙상, 욕창방지 시스템 등을 통해서도 환자관리 및 업무를 효율적으로 할 수 있게 되었다.

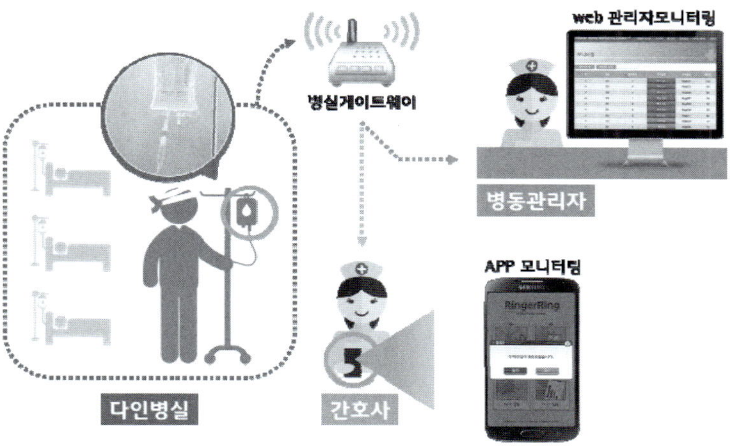

출처 : NSC(국가표준코디네이터)

격리된 환자의 모니터링에도 사물인터넷은 활용도가 높다. IP 카메라를 이용하여 환자를 모니터링하기 위해 자동으로 조명이 on/off되고, 혈압이나 맥박 등 환자의 상태를 실시간으로 그래프로 제공할 수 있다. 병실 상태 또한 중앙서버에 보내서 의사나 간호사가 병원 밖에서도 실시간으로 모니터링할 수 있게 되었다. 이것은 더 나아가 홈케어 서비스에도 곧 적용이 될 것이다.

(3) 스마트홈

외출 시 자동으로 집안 청소를 하고, 퇴근 전 보일러가 자동으로 켜지고, 주차한 자동차 위치를 파악하여 엘리베이터를 자동으로 불러주는 서비스는 이미 주위에서 쉽게 볼 수 있다. 더 나아가 아침 알람 시간에 맞춰 불이 켜지거나 블라인드가 올라가고, 화장실에 가면 혈압, 체중, 수면, 스트레스 등 개인의 건강상태를 보여 주고, 주방에 가면 자동으로 커피머신이 켜지거나 오늘 섭취해야 할 영양소 및 음식까지 제안하는 시대가 곧 올 것이다. 이렇듯 스마트홈은 현재 급속하게 진보하고 있다.

해외의 경우 애플이 본격적으로 스마트홈 서비스를 시작하였으며, AT&T 및 컴캐스트(Comcast)도 이미 스마트홈 기술을 도입하고 있다. 2016년 애플은 스마트홈 플랫폼인 홈킷(Homekit)을 출시하였는데, 이는 아이폰이나 아이패드를 통해 잠금장치, 조명, 카메라, 온도 조절, 전원 등을 제어할 수 있는 시스템이다.

국내 사례는 이미 광고를 통해 많이 접했을 것이다. SK텔레콤의 경우 가정 내 홈기기(냉장고, 청소기, 세탁기 등)를 원격제어하여 편리하게 원하는 시간에 작동할 수 있다. 또한 도어록 및 가스제어를 할 수 있어 집에 아무도 없어도 안전하게 관리할 수 있다. LG의 경우 '스마트싱큐(SmartThinQ)' 센서를 활용해 사물인터넷 오픈 플랫폼 '올조인(AllJoyn)'을 스마트홈에 적용하고 있다. 이는 일반 가전제품에 센서를 부착하여 외부에서 가전제품의 작동상태를 확인할 수 있으며, 원격제어도 할 수 있는 장치이다.

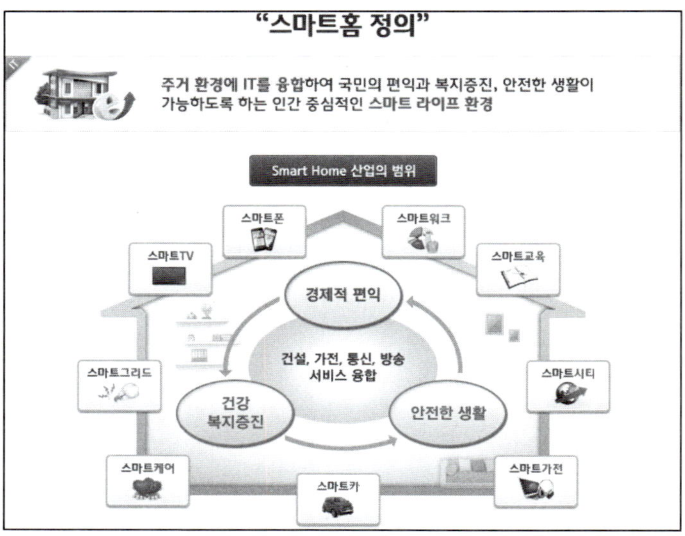

출처 : 한국스마트홈산업협회

이렇듯 스마트홈에서 쌓일 수 있는 데이터는 급속도로 증가하는 추세이다. 현재는 단순 기기들의 연결에만 집중하고 있고 데이터의 활용은 아직 미비한 상태이며 고객의 니즈를 파악하고 쌓인 데이터로부터 새로운 비즈니스 모델을 발굴해야 한다. 이를 위해서는 빅데이터 기술이 필요하며 분석을 통해 개인 맞춤형 서비스를 제공한다면 스마트홈의 활용도는 더욱 높아질 것이다.

7. 사물인터넷의 문제점

(1) 해킹(hacking)

사물인터넷(IoT)의 시장이 발전하면서 여러 문제점을 동반하고 있다. 그중 가장 먼저 해결해야 할 문제는 보안 문제, 즉 해킹(Hacking)이다. 해킹은 정상적인 방법이 아닌 다른 방법을 이용해 사용자가 아닌 제3자가 권한을 가져가는 것을 의미한다. 기존 해킹이 서버나 PC를 대상으로 이루어졌다면, 최근에는 스마트폰, IoT로 주 공격대상이 변하고 있다. 아이폰의 경우 탈옥, 안드로이드 스마트폰의 경우는 루팅 방식으로 해킹이 이루어지고 있으나, 상대적으로 다양한 보안방식을 이용하여 관리자 계정을 보호하고 있다. 이에 반해 IoT 제품은 스마트폰에 비해 보안 문제가 매우 취약하다. 그 이유는 주로 웨어러블 기기를 중심으로 구성된 제품이 크기, 배터리, 무게, 디자인 등을 고려해 소형화되므로 하드웨어 성능이 떨어지기 때문이다. 대표적인 예로 이탈리아 자동차회사 피아트 크라이슬러는 보안전문가들이 지프 체로키 차량을 해킹해 차량을 마음대로 조작할 수 있음을 보여 주자 약 140만 대 차량을 리콜한 사태를 들 수 있다. 또한 미국에서 약 10만 개 가전제품이 대량의 스팸메일 살포에 이용되는 등 IoT가 발전하기 위해선 보안문제가 개선되어야 할 것이다.

(2) 표준화

다음 문제는 표준기준 수립을 통해 통합 플랫폼을 구축해야 하는 것이다. 현재 IoT 시장은 통신규격 등 기준 확립이 명확하지 않아 기업들이 각기 다른 기준을 사용하고 있다. 그에 따라 기업의 비용은 규모의 경제가 이루어지지 않아 시장이 발전할수록 증가하고 있는 상황이다. 또한 사업자 간 호환이 떨어져 IoT 제품이 늘어날수록 애플리케이션을 추가적으로 설치해야 하는 불편함이 존재한다. 만약 표준기준 설립을 통해 통합 플랫폼을 구축한다면, 사용자 정보를 확보할 수 있는 채널이 늘어나 고객에게 적합하고 경쟁사와 차별화된 IoT 서비스를 제공할 수 있는 가능성이 높아질 것이다. 이 네트워크 효과(Network effect)로 IoT 서비스 이용확산, 신규 고객유치 등 긍정적인 결과를 가져올 수 있을 것이다.

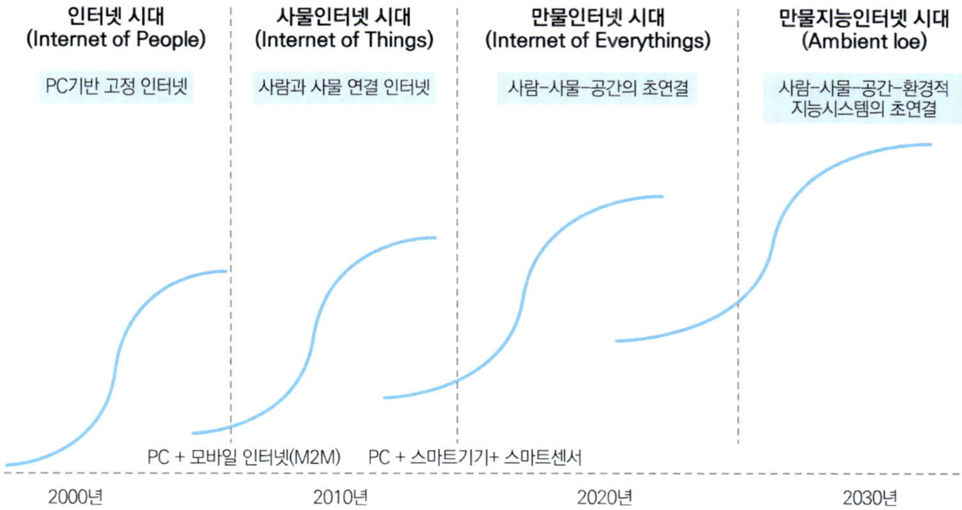

출처 : 만물인터넷과 미래상(미래기술연구소)

8. 사물인터넷의 미래

IT기술이 빠르게 발전하면서 컴퓨팅, 모바일 시대를 넘어 모든 사물이 하나로 연결되는 초연결사회로 변화하고 있다. 그 중심에는 인간, 사물, 서비스를 연결하는 것을 목표로 하는 사물인터넷(IoT)이 자리 잡고 있다. 발전하기 위해 아직 해결해야 할 문제점이 많지만, IoT가 미래 산업을 이끌어 갈 핵심이 될 것은 분명해 보인다.

이를 위해서는 무엇보다 제품의 명확한 타깃 고객을 설정하고, 제품 성능을 향상시키는 노력이 필요하다. 또한 해킹과 같은 보안 문제, 표준기준 수립을 통한 통합 플랫폼 구축 등을 해결한다면 IoT 시장은 더욱 빠르게 성장할 수 있을 것이다. 이를 통해 최종적으로 IoT를 넘어 클라우드,빅데이터 등 다른 기술적 혁신을 포함하는 만물인터넷(Internet of Everything, IoE) 시대로 나아갈 수 있기를 기대한다.

chapter

08

4차 산업 그리고 창업

빅데이터혁명

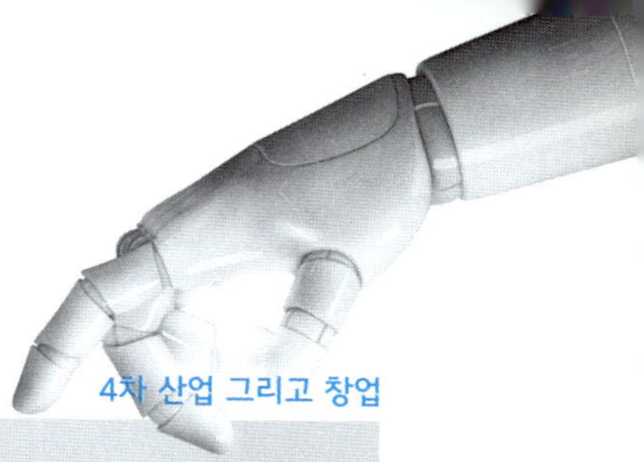

chapter

08 빅데이터혁명

"빅데이터란 무엇인가?"

인간은 매일 먹고 일하고 놀고 데이터를 생산한다. IBM에 따르면 인류가 하루에 생산하는 데이터의 양은 무려 250경 바이트에 이른다. DVD를 쌓는다면 달까지 왕복할 만큼의 데이터다. 이 데이터에는 우리가 전송하는 텍스트와 업로드하는 사진부터 산업용 센서 측정 데이터와 머신 간 통신 등 온갖 것이 포함된다.

그러나 빅데이터의 의미는 그보다 훨씬 더 넓어서 다음과 같은 요소를 포괄한다.

- 많은 경우 여러 소스에서 방대한 양의 데이터를 수집
- 단순히 양만 많은 것이 아니라 그 종류도 다양함
- 동일한 데이터 풀을 다양한 목적으로 지속적으로 분석할 수 있도록 이 데이터를 분석
- 이 모든 작업을 신속하게, 때에 따라서는 실시간으로 수행

빅데이터(big data)란 디지털 환경에서 생성되는 데이터로 그 규모가 방대(수십 테라바이트)하고, 생성 주기도 짧으며, 형태도 수치 데이터뿐 아니라 문자와 영상 데이터를 포함하는 대규모 데이터를 말한다. 빅데이터 환경은 과거에 비해 데이터의 양이 폭증했다는 점과 함께 데이터의 종류도 다양해져 사람들의 행동은 물론 위치정보와 SNS를 통해 생각과 의견까지 분석하고 예측할 수 있다.

1. 빅데이터의 등장과 기술 혁신

초창기에는 세 가지를 나타내는 VVV라는 약어를 사용했다. 각 V는 볼륨(Volume, 방대한 양), 다양성(Variety, 다양한 종류의 데이터와 시간 경과에 따라 데이터가 바뀐다는 사실), 그리고 속도(Velocity)를 나타낸다. 이에 더해, IBM은 정확성(Veracity)이라는 요소를 더해 4V를 정의하였고, 브라이언 홉킨스(Brian Hopkins) 등은 가변성(Variability)을 추가하여 4V를 정의하였으며 GE는 가치(Value)를 4V라 하였다.

출처 : GE

(1) 빅데이터 분석기술과 방법

기존 통계학과 전산학에서 사용되던 데이터 마이닝(mining), 기계 학습, 자연 언어 처리, 패턴 인식 등이 해당한다. 소셜 미디어 등 비정형 데이터의 증가로 인해 분석 기법 중에서 텍스트 마이닝, 오피니언 마이닝, 소셜 네트워크 분석, 군집 분석 등이 주목받고 있다.

- 텍스트 마이닝 : 비/반정형 텍스트 데이터에서 자연 언어 처리기술에 기반을 두어 유용한 정보를 추출, 가공
- 오피니언 마이닝 : 소셜 미디어 등의 정형/비정형 텍스트의 긍정, 부정, 중립의 선호도를 판별
- 소셜 네트워크 분석 : 소셜 네트워크의 연결 구조 및 강도 등을 바탕으로 사용자의 명성 및 영향력을 측정

- **군집 분석** : 비슷한 특성을 가진 개체를 합쳐가면서 최종적으로 유사 특성의 군집을 발굴

대규모의 정형/비정형 데이터를 처리하는 데 있어 가장 기본적인 분산 파일 시스템(하둡), 이질적 데이터의 의미를 실시간으로 파악하기 위한 방법(처음에는 구글의 맵리듀스, 최근에는 아파치 스파크), 그리고 필요에 따른 데이터 접근과 이동을 위한 클라우드/인터넷 인프라 개발 등이 여기에 포함된다.

(2) 빅데이터 분석과정

빅데이터는 데이터 자체가 목적이라기보다는 데이터를 잘 수집하여 저장하고, 잘 분석하여, 잘 활용하는 것이 목표다. 빅데이터를 도입하여 활용하기까지는 다음과 같은 분석과정을 거치게 된다.

- **데이터** : 데이터가 어디 있는가? 데이터 소스를 인식하는 단계
- **수집** : 데이터를 모으는 행위
- **저장** : 데이터를 어딘가에 저장
- **처리** : 분석 가능한 상태로 처리
- **분석** : 데이터 안의 정보 및 지식을 추출
- **표현** : 분석 결과를 활용하여, 의사결정 혹은 다양한 여러 분야에 활용

① 데이터의 인식 단계

분석을 전제로 가용한 데이터를 확인하는 단계이다.

- **내부 데이터** : 해당 조직이 자체적으로 보유한 각종 데이터
  예) 현재 및 과거의 매출정보, 고객정보, 제품정보 등
- **외부 데이터** : 인터넷 등으로 연결되어 조직 외부에 존재하는 각종 비정형 데이터
  예) 소셜 미디어 데이터 등

② 데이터의 수집 단계

조직 내부와 외부의 여러 데이터 소스로부터, 필요로 하는 데이터를 검색하여 수동 또는 자동으로 수집하는 단계

③ 데이터의 저장 단계

대용량의 정형, 비정형 데이터를 저장, 관리하여 데이터 분석 및 활용을 지원하는 단계

④ 데이터의 처리 단계

엄청난 데이터양과 데이터 생성 속도, 다양한 형태의 데이터를 통합적으로 다루는 기술

- 일괄처리 : 쌓인 데이터를 여러 서버로 분산해 나누어 처리, 이를 다시 모아 결과를 정리
- 실시간처리 : 데이터가 들어오는 대로 일련의 처리 업무들을 수행하여 그 결과를 연속적으로 제공

⑤ 데이터의 분석 단계 : 가장 중요, 빅데이터는 저장이 아닌 분석에 그 목적이 있음

대량의 데이터로부터 사실, 추세, 관계, 패턴 등 알려지지 않은 정보, 또는 지식을 찾아내는 과정

⑥ 데이터의 표현 단계 : 분석만큼이나 중요함

데이터 분석 결과를 쉽게 이해할 수 있도록 시각적인 수단으로 정보를 전달하는 과정

2. 생활 속의 빅데이터

(1) 수동적 빅데이터

PC와 인터넷, 모바일 기기 이용이 생활화되면서 사람들이 도처에 남긴 흔적(데이터)은 기하급수적으로 증가하고 있다. 쇼핑의 예를 들어 보자. 데이터의 관점에서 보면 과거에는 상점에서 물건을 살 때만 데이터가 기록되었다. 반면, 인터넷쇼핑몰의 경우에는 구매를 하지 않더라도 방문자가 돌아다닌 기록이 자동적으로 데이터로 저장된다. 어떤 상품에 관심이 있는지, 얼마 동안 쇼핑몰에 머물렀는지를 알 수 있다. 쇼핑뿐 아니라 은행, 증권과 같은 금융거래, 교육과 학습, 여가활동, 자료 검색과 이메일 등 하루 대부분의 시간을 PC와 인터넷에 할애한다. 사람과 기계, 기계와 기계가 서로 정보를 주고받는 사물지능통신(Machine to Machine, M2M)의 확산도 디지털 정보가 폭발적으로 증가하게 되는 이유다.

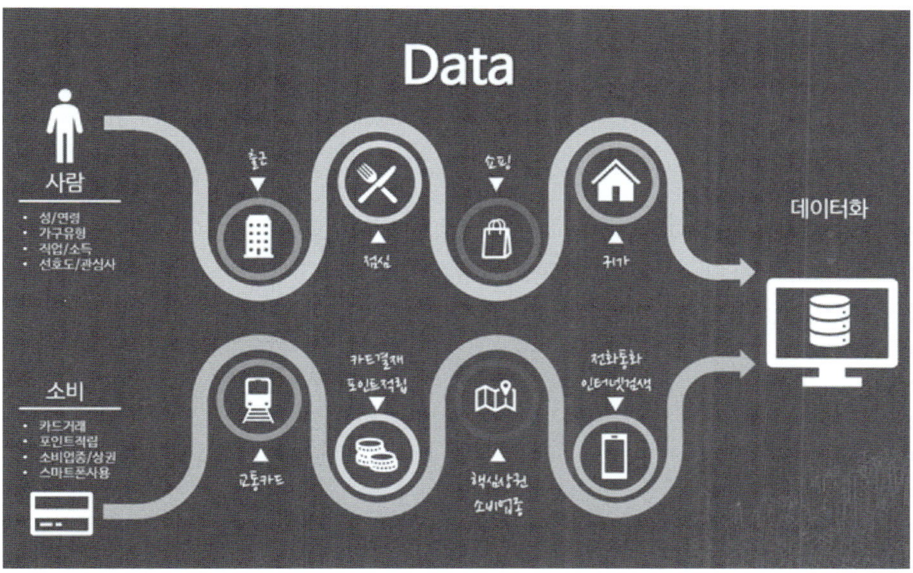

출처 : 구글

(2) 능동적 빅데이터

사용자가 직접 제작하는 UCC를 비롯한 동영상 콘텐츠, 휴대전화와 SNS(Social Network Service)에서 생성되는 문자 등은 데이터의 증가 속도뿐 아니라, 형태와 질에서도 기존과 다른 양상을 보이고 있다. 특히, 블로그나 SNS에서 유통되는 텍스트 정보는 내용을 통해 글을 쓴 사람의 성향뿐 아니라, 소통하는 상대방의 연결 관계까지도 분석이 가능하다. 게다가 사진이나 동영상 콘텐츠를 PC를 통해 이용하는 것은 이미 일반화되었고 방송 프로그램도 TV수상기를 통하지 않고 PC나 스마트폰으로 보는 세상이다.

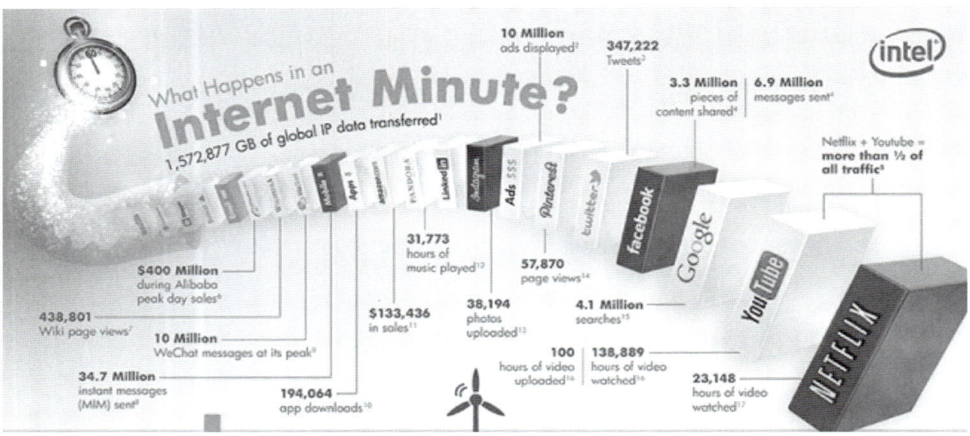

출처 : 인텔(2013)

트위터(twitter)에서만 초당 평균 9만 8,000건이 생겨나고, 문자는 1,100만 개, 이메일은 1억 6,800만 개가 보내진다.

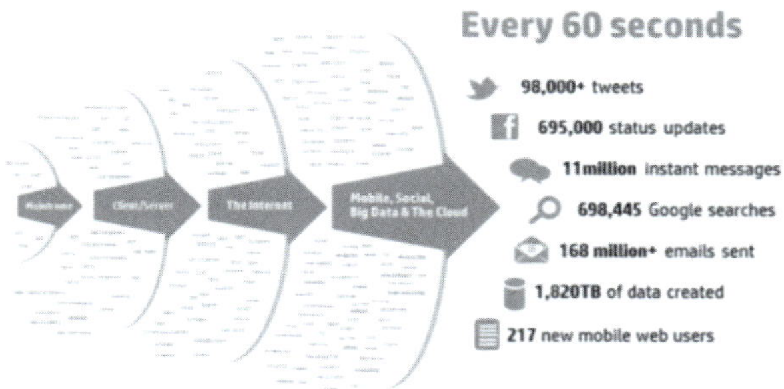

출처 : 구글

주요 도로와 공공건물은 물론 심지어 아파트 엘리베이터 안에까지 설치된 CCTV가 촬영하고 있는 영상 정보의 양도 상상을 초월할 정도로 엄청나다. 그야말로 일상 생활의 행동 하나하나가 빠짐없이 데이터로 저장되고 있는 셈이다.

민간 분야뿐 아니라 공공 분야도 데이터를 양산 중이다. 센서스(Census)를 비롯한 다양한 사회 조사, 국세자료, 의료보험, 연금 등의 분야에서 데이터가 생산되고 있다. 스마트워크의 본격화도 데이터 증가를 가속화할 전망이다(방송통신위원회, 2011).

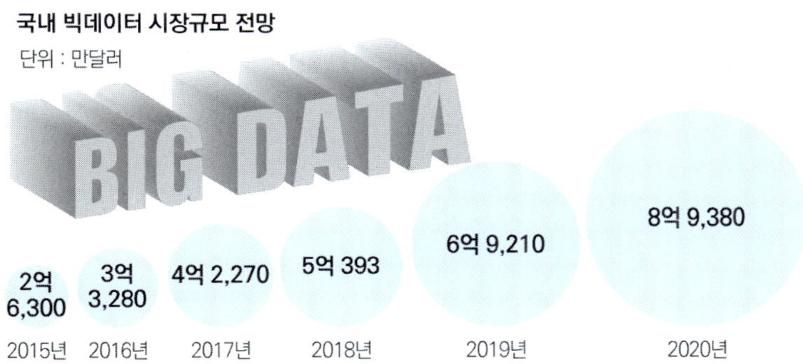

출처 : 한국과학기술정보연구원

데이터의 규모가 중요하다는 것을 확인시킨 사례로는 구글의 자동번역 시스템이 있다. 구글은 수천만 권의 도서 정보와 유엔과 유럽의회, 웹사이트의 자료를 활용해 64개 언어 간 자동번역 시스템 개발에 성공했다. IBM도 캐나다 의회의 문서를 활용해 영어・불어 자동번역 시스템 개발을 시도했으나 실패한 경험이 있다. 이는 기술의 차이보다는 사용 데이터의 규모 차이에 의한 결과로 평가한다.

3. 빅데이터의 사례

기업의 빅데이터 활용은 고객의 행동을 미리 예측하고 대처방안을 마련해 기업경쟁력을 강화시키고, 생산성 향상과 비즈니스 혁신을 가능하게 한다(McKinsey, 2011).

(1) 기업 등 상업적 활용

① 아마존닷컴의 추천 상품 표시 / 구글 및 페이스북의 맞춤형 광고

아마존닷컴은 모든 고객들의 구매 내역을 데이터베이스에 기록하고, 이 기록을 분석해 소비자의 소비 취향과 관심사를 파악한다. 이런 빅데이터의 활용을 통해 아마존은 고객별로 '추천 상품(레코멘데이션)'을 표시한다. 고객 개개인의 취미나 독서 경향을 찾아 그와 일치한다고 생각되는 상품을 메일, 홈 페이지상에서 중점적으로 각 고객에게 자동적으로 제시하는 것이다. 아마존닷컴의 추천 상품 표시와 같은 방식으로 구글 및 페이스북도 이용자의 검색 조건, 나아가 사진과 동영상 같은 비정형 데이터 사용을 즉각 처리하여 이용자에게 맞춤형 광고를 제공하는 등 빅데이터의 활용을 증대시키고 있다. 아래는 국내 쇼핑몰인 11번가의 빅데이터 활용 사례이다.

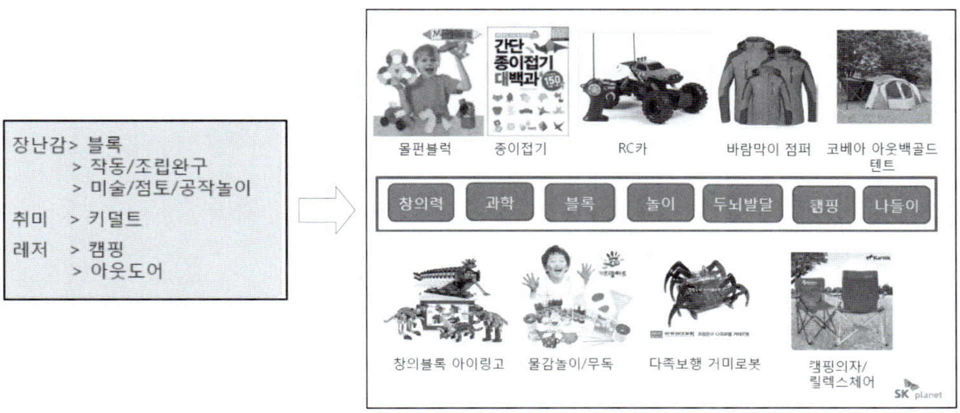

출처 : SK planet

② 2014년 FIFA 월드컵 독일 우승의 비밀병기 '빅데이터'

브라질에서 개최된 2014년 FIFA 월드컵에서 독일은 준결승에서 개최국인 브라질을 7 : 1로 꺾고, 결승에서 아르헨티나와 연장전까지 가는 접전 끝에 1 : 0으로 승리를 거두었다. 무패행진으로 우승을 차지한 독일 국가대표팀의 우승 배경에는 '빅데이터'가 있었다.

독일 국가대표팀은 SAP와 협업하여 훈련과 실전 경기에 'SAP 매치 인사이트'를 도입했다. SAP 매치 인사이트란 선수들에게 부착된 센서를 통해 운동량, 순간속도, 심박 수, 슈팅동작 등 방대한 비정형 데이터를 수집, 분석한 결과를 감독과 코치의 태블릿 PC로 전송하여 그들이 데이터를 기반으로 전술을 짜도록 도와주는 솔루션이다. 기존에 감독의 경험이나 주관적 판단으로 결정되는 전략과는 달리, SAP 매치 인사이트를 통해 이루어지는 분석은 선수들에 대한 분석뿐만 아니라 상대팀 전력, 강점, 약점 등 종합적인 분석을 통해 좀 더 과학적인 전략을 수립할 수 있다. 정보 수집에 쓰이는 센서 1개가 1분에 만들어 내는 데이터는 총 1만 2,000여 개로 독일 국가대표팀은 선수당 4개(골키퍼는 양 손목을 포함해 6개)의 센서를 부착했고, 90분 경기 동안 한 선수당 약 432만 개, 팀 전체로 약 4,968만 개의 데이터를 수집했다고 한다.

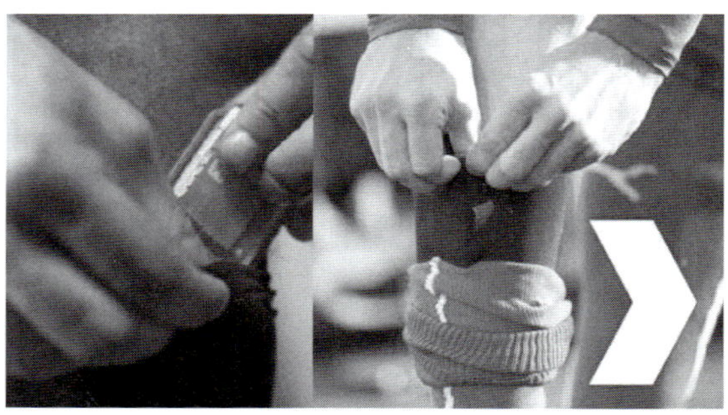

출처 : 센서를 착용하는 독일선수들과 빅데이터를 이용한 분석화면(SAP)

(2) 공공 부문의 활용

① 2008년 이후 미국 대통령 선거

2008년 미국 대통령 선거에서 버락 오바마 미국 대통령 후보는 다양한 형태의 유권자 데이터베이스를 확보하여 이를 분석, 활용한 '유권자 맞춤형 선거 전략'을 전개했다. 당시 오바마 캠프는 인종, 종교, 나이, 가구 형태, 소비 수준과 같은 기본 인적 사항으로 유권자를 분류하는 것을 넘어서서 과거 투표 여부, 구독하는 잡지, 마시는 음료 등 유권자 성향까지 전화나 개별 방문, 소셜 미디어를 통해 유권자 정보를 수집하였다. 수집된 데이터는 오바마 캠프 본부로 전송되어 유권자 데이터베이스를 온라인으로 통합 관리하는 '보트빌더(VoteBuilder.com)'시스템의 도움으로 유권자 성향 분석, 미결정 유권자 선별 , 유권자에 대한 예측을 해나갔다. 이를 바탕으로 '유권자 지도'를 작성한 뒤 '유권자 맞춤형 선거 전략'을 전개하는 등 오바마 캠프는 비용 대비 효과적인 선거를 치를 수 있었다.

"여론조사는 틀렸고 인공지능(AI)이 맞혔다."

2013년 미국 대통령 선거에서 힐러리 클린턴 민주당 후보의 우세를 예측한 현지 언론사(ABC, CBS, FOX뉴스)들의 여론조사가 일제히 빗나갔다. 그러나 AI는 일찌감치 도널드 트럼프 대통령 당선자(공화당)의 압도적인 승리를 예상했다. 지난 6월 브렉시트(영국의 유럽연합 탈퇴) 국민투표에서도 비슷한 현상이 나타났다. 전문가들은 현행 여론조사가 표본오차나 휴먼에러(사람의 본질적인 특성에 따른 오류) 등으로 한계가 적지 않은데다 AI와 빅데이터 분석은 쌓일수록 정확도가 높아지는 만큼 앞으로도 이 같은 추세가 계속될 것으로 내다봤다.

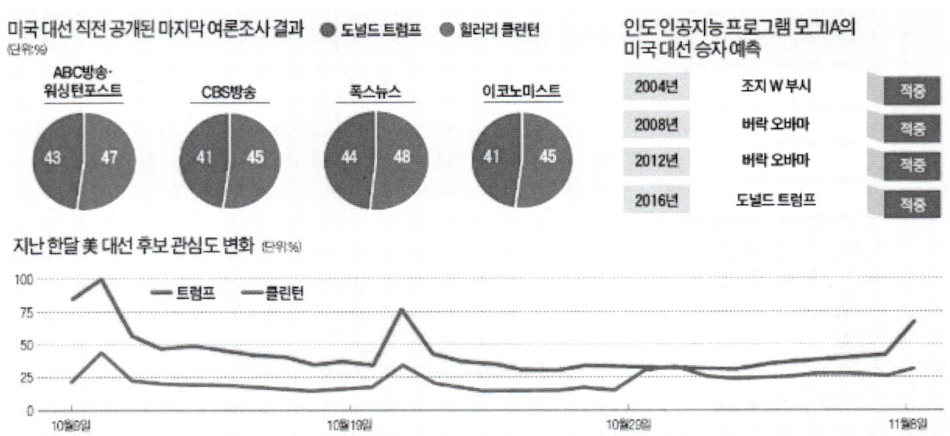

출처 : 한국일보

② 대한민국 제19대 총선

중앙선거관리위원회는 대한민국 제19대 총선부터 소셜 네트워크 등 인터넷상의 선거운동을 상시 허용하였다. 이에 소셜 미디어상에서 선거 관련 데이터는 증폭되었으며, 2010년 대한민국 제5회 지방선거 및 2011년 대한민국 재보궐선거에서 소셜 네트워크 서비스의 중요성을 확인한 정당들 또한 SNS 역량 지수를 공천 심사에 반영하는 등, 소셜 네트워크 활용에 주목했다. 이 가운데 여론조사기관들은 기존 여론조사 방식으로 예측한 2010년 제5회 지방선거 및 2011년 재보궐선거의 여론조사 결과와 실제 투표 결과와의 큰 차이를 보완하고자 빅데이터 기술을 활용한 SNS 여론 분석을 시행했다. 그러나 SNS 이용자의 대다수가 수도권 20~30대에 쏠려 있기에 빅데이터를 이용한 대한민국 제19대 총선에 대한 SNS 분석은 수도권으로 한정되어 일치하는 한계를 드러내기도 하였다.

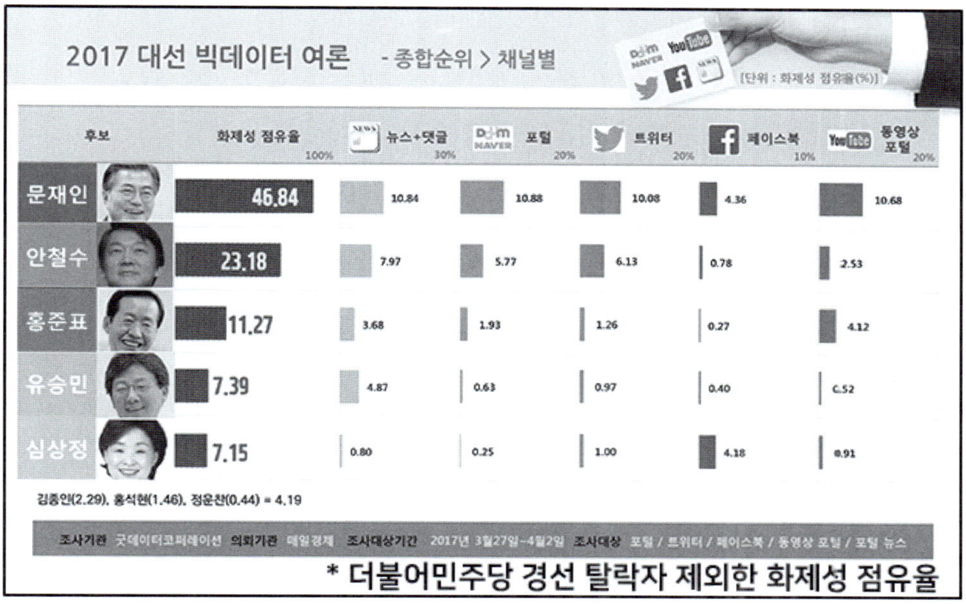

출처 : 레이더P

③ 보건의료

국민건강보험공단은 가입자의 자격·보험료, 진료·투약 내용, 건강검진 결과 및 생활습관 정보 등 2조 1,000억 건, 92테라바이트의 빅데이터를 보유하고 있고, 건강보험심사평가원은 진료 내역, 투약 내용(의약품 안심서비스), 의약품 유통 등의 2조 2,000억 건, 89테라바이트의 빅데이터를 보유하고 있으며, 경제협력개발기구(OECD)는 한국의 건강보험 빅데이터 순위가 2위라고 발표했었다. 국민건강보험공단과 건강보험심사평가원은 빅데이터를 민간에 널리 알리고 더 많이 개방하고 있다.

빅데이터를 활용하면 미국 의료부문은 연간 3,300억 달러(미 정부 의료 예산의 약 8%에 해당하는 규모)의 직간접적인 비용 절감 효과를 보일 것으로 전망된다. 특히, 임상 분야에서는 의료기관별 진료방법, 효능, 비용 데이터를 분석하여 보다 효과적인 진료방법을 파악하고 환자 데이터를 온라인 플랫폼화하여 의료협회 간 데이터 공유로 치료 효과를 제고하며 공중보건 영역에선 전국의 의료 데이터를 연계하여 전염병 발생과 같은 긴박한 순간에 빠른 의사결정을 가능하게 할 전망이다.

한편, 의료 분야에서 빅데이터가 효과를 발휘하기 위해서는 대량의 의료정보 수집이 필수적이기 때문에, 개인정보의 보호와 빅데이터 활용이라는 두 가지 가치가 상충하게 된다. 따라서 의료 분야에서 빅데이터의 활용과 보급을 위해서는 이러한 문제에 대한 가이드라인 마련이 필요한 상태이다.

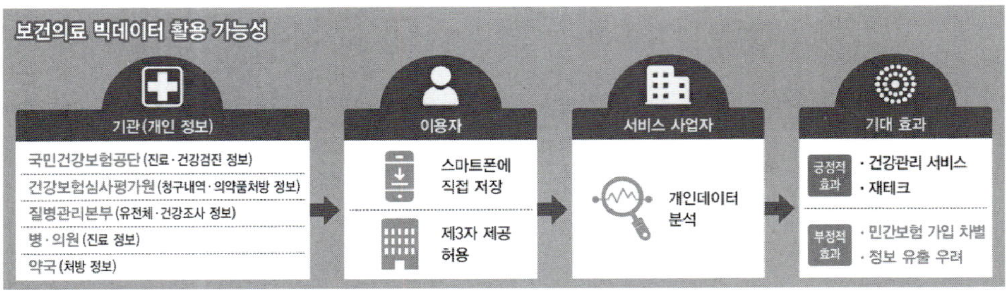

출처 : 국민건강보험공단

4. 빅데이터의 미래

(1) 빅데이터가 필요한 이유

데이터는 사용자의 수많은 경험이나 정보, 어떤 것을 원하고, 어떻게 이용하는지에 대한 정보가 모두 담겨 있다. 데이터 속에서 지식과 정보를 뽑아내서 주된 고객층의 흐름을 파악하여 거기에 맞는 상품을 제공하는 것이 고객과 기업 모두의 이익이 되기 때문에 빅데이터 활용은 이제 기업 입장에서 선택이 아닌 필수조건이 되는 것이다. 현재 동일 업종의 기업 내에서 빅데이터를 이용하는 기업과 하지 않는 기업은 실제로 큰 차이를 보여 주고 있다.

(2) 빅데이터의 미래

이제 빅데이터는 정치, 사회, 경제, 문화, 과학기술 등 전 영역에 걸쳐 사회와 인류에게 가치 있는 정보를 제공할 가능성을 제시하며 그 중요성이 주목받고 있다. 하지만 빅데이터의 문제점은 바로 사생활 침해와 보안 측면에 자리하고 있다. 빅데이터는 수많은 개인 정보의 집합이기에 빅데이터를 수집, 분석할 때 개인들의 사적인 정보까지 수집하여 관리하는 모습이 될 수도 있다. 그리고 그렇게 모은 데이터가 보안 문제로 유출된다면, 이 역시 거의 모든 사람의 정보가 유출되는 것이기에 여기에서 발생될 문제는 앞으로의 커다란 과제가 될 수 있다.

chapter

09

4차 산업 그리고 창업

자동차의 모빌리티로 그리고 스마트 드라이빙

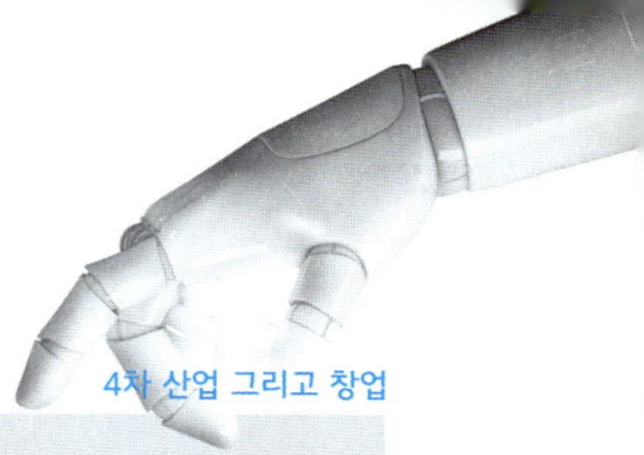

chapter 09 자동차의 모빌리티로 그리고 스마트 드라이빙

미래의 자동차는 기존의 운송수단으로서의 자동차만으로 정의할 수 없게 되며, 자율주행(Autonomous Driving), 전동화(Electrification), 커넥티드(Connected) 등의 기술이 추가된 자동차가 점령하게 될 것이다. 이러한 시대적 흐름에 대응하기 위해 자동차 제작사들은 자동차의 생태계를 재정의하고 자동차 대신 모빌리티 개념을 통해 '인간의 이동성'을 강조해나가고 있다. 단순하게 자동차를 설계, 제작, 판매하던 시대를 넘어 인간에게 이동공간을 제공하는 서비스를 종합적으로 구현하는 회사로 거듭나고자 하고 있는 것이다.

1. 자율주행자동차의 역사

자율주행자동차는 'Autonomous Vehicle'의 번역을 그대로 쓰고 있다. 처음 이 개념이 등장한 것은 1939년 미국 뉴욕 박람회에서 보여 준 GM의 퓨처라마(Futurama)에서였다. GM은 손과 발이 자유로운 1960년대의 고속도로 상황을 구상하였지만 당시는 말 그대로 상상일 뿐이었다. 자동차가 정확하게 어떤 방식으로 운행되는지에 대한 설명도 없었고 1960년대에 그런 고속도로는 구현되지 못하였다.

(1) 자율주행자동차의 상용화

자율주행차에 대한 개념이 등장하고 70여 년이 지나 다시 재조명되었다. 오늘날 자율주행차를 부상시킨 것은 자동차 제작사가 아닌 인터넷 검색 전문업체인 구글이었다. 구글의 한 직원이 대학시절 거리를 걷다가 교통사고로 바로 옆에서 친구가 사망한 사건을 계기로 교통사고에 관심을 갖게 되었고 그 직원이 구글의 연구원이 되면서 발상이 시작이었다. 그는 구글에 근무하면서 자동차 사고의 원인을 조사하다가 95%의 사고가 자동차의 결함보다는 운전자의 부주의에 의한 것이라는 사실을 알게 되었다. 그래서 '운전자가 운전대를 안 잡으면 사고가 없어질 것이 아니냐'는 역발상을 하게 되었고 그것이 현대적인 개념의 운전자 없는 차(Driverless Car) 개발의 시작이 되었다. 그때까지만 해도 자율주행자동차는 충돌하지 않는 차(Collisionless Car)였다.

자율주행자동차는 1990년대에 우리나라에서도 시도가 있었다. 쌍용자동차의 코란도를 개조한 '무인자동차 시험 주행'이었다. 이동 자체만으로는 자율주행자동차의 구현이 어렵지 않지만 그 외의 주행하기 위한 보조장치인 GPS, 센서, 카메라 기술 등을 이용하기 때문에 제반기술이 발달되지 않으면 실주행 조건과의 격차가 실용화를 어렵게 만들었다. 또한 법적으로 자율주행자동차로 인한 사고 발생 시 책임 소재에 대한 사회적 합의가 없는 것도 상용화를 위한 과제로 남아 있었다.

자율주행자동차의 개발경쟁에 가속이 불붙은 것은 21세기 들어서면서 빠른 속도로 발전하고 있는 센서와 정보처리기술 등 사회적 기반기술의 발달이며 자동차 제작사들이 CES 등 가전쇼에 자율주행자동차를 선보이기 시작했다.

(2) 자율주행 개념

- 운전석에서 페달을 밟지 않거나 운전대를 잡지 않고 전방을 주시하지 않아도 탑승자가 원하는 방향으로 자동차 스스로 진행하는 것
- 도로나 교통 상황에 대해 탑승자가 신경을 쓰지 않아도 위험을 피해 주행이 가능한 것
- 진행 방향에서의 위험을 사전에 감지해 대처할 수 있는 것
- GPS와 카메라, 레이더, 센서 등으로 차선과 신호등, 도로의 장해물 등을 감지해 주행하는 것

자동차업계에서는 위에서 언급한 형태의 자율주행차가 현실화될 것이라고 전망하고 있다. 개인이 가지고 있는 스마트폰으로 개인차나, 렌터카를 예약하면 승차하고자 하는 위치에 자동차가 도착하는 자율주행자동차가 등장할 날도 머지않다는 전망

으로 넘쳐나고 있다. 하지만 21세기에 레벨 5의 완전 자율주행차는 실현될 가능성이 쉽지 않다.

자율주행자동차 발달 수준

사람이 주체	레벨 0	자율주행 기능 없는 일반차량
	레벨 1	자동브레이크, 자동 속도조절 등 운전보조기능
	레벨 2	부분 자율주행, 운전자의 상시 감독 필요
자동차가 주체	레벨 3	조건부 자율주행, 자동차가 안전기능 제어, 탑승자 제어가 필요할 경우 신호
	레벨 4	고도 자율주행, 주변 환경 관계없이 운전자 제어 불필요
	레벨 5	완전 자율주행, 사람이 타지 않고도 움직이는 무인 주행차

출처 : SAE(미국자동차공학회)

비행기를 예로 들면 1960년대에는 6명이었던 조종사가 지금은 2명으로 줄어들 정도로 기술이 발달되었지만 30년 가까이 진행되어온 완전 무인 비행은 아직 실현되지 않고 있다. 조종사가 수동으로 비행기를 조작하는 시간이 현저하게 줄었지만 여전히 조종석을 지켜야 한다.

자동차 역시 1950년대부터 날아다니는 자동차의 개념이 등장했고 1960년이면 실현될 것이라고 전망했으나 구체화되지는 못했다. 최근 비행 자동차 출시 뉴스가 등장하고 있지만 특별한 사용자를 위한 것이고 보편적인 교통수단으로 자리 잡기에는 시간이 많이 필요해 보인다.

2010년을 전후해 연간 130만 명에 달하는 교통사고 사망자를 줄이기 위해 충돌하지 않는 차를 개발하자는 것이 지금의 자율주행차 개발의 시작이다. 자율주행차는 페달에서 발을 떼고, 운전대에서 손을 떼고, 전방 주시를 하지 않고, 운전에 대해 생각하지 않고, 완전 무인주행 등 5단계로 구분한다. 현 시점에서는 발을 떼고 운전하는 것은 정속 주행장치로 가능하지만 손을 완전히 떼고 주행할 수는 없다.

자동차 제작사에 따라 1~2분 정도 자동차 핸들에서 손을 떼고 주행할 수 있도록 세팅하고 있다. 그마저도 도로 조건, 자동차의 중량 등 물리적인 조건 등으로 인해 완전하지는 않다. 2017년 아우디자동차가 3단계인 A8을 출시하였다고 하나 속도와

도로조건이 제한되어 있다. 기술적으로 폐쇄된 공간에서는 충분히 가능하지만 실제 도로에서는 실용화를 위해 많은 시간이 필요하다. 우리가 자동차회사의 광고를 통해 손을 놓고 주행하는 장면을 볼 수 있는데, 자동차 제작사의 주행 시험로 등에서는 이론적으로 무인주행이 가능하다. 그러나 그 차가 일반 도로에 나오는 순간 수십만 가지가 넘는 각종 운행조건인 물리적 제약으로 인해 정상적인 주행을 할 수 없게 된다.

아우디 A8이 가진 주요 의의

구분	의의
자율주행	최초의 레벨 3 자율주행차
인공지능	최초의 딥러닝 적용 차량의 상용화
슈퍼컴퓨터	아우디 슈퍼컴퓨터 zFAS 상용화
클라우드	아우디 스윙인텔리전스 적용
자율주행센서	최초의 라이다 센서 적용

출처 : 아우디 A8(2017)

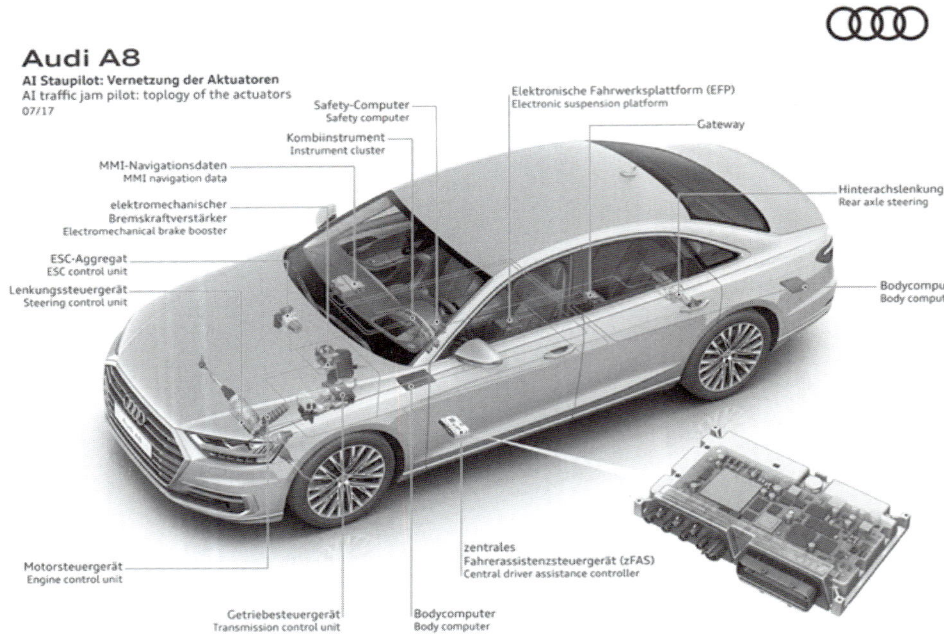

아우디 A8 AI Staupilot 자율주행자동차

카메라는 차선과 신호등, 도로표지 등 모든 것을 읽을 수 있어야 하고 그 인프라를 구축하기 위해서는 엄청난 비용과 시간이 필요하다. 한번 설치하는 것으로 끝나는 것이 아니라 차선을 끊임없이 선명하게 유지해야 하는 등 제약 조건이 많다. 각종 기상 악화로 차선이 흐려지고 자동차의 센서나 카메라가 작동이 안 되게 되면 대응 방법이 만만치 않다.

이 세상에 영원한 것은 없다고 하지만, 기업과 기술은 항상 지속 가능한 성장을 원한다. 그런 점에서 미래는 사람과 기업, 환경이 함께해야 한다고 정의하고 있다.

2. 자동차의 전동화

환경문제는 자동차산업뿐 아니라 전 세계의 중요한 관심사로 떠오르고 있다. 최근 한국에서도 미세먼지와 같은 대기오염 문제는 중국발 대기오염뿐만 아니라 자동차의 배기가스 문제도 일조하고 있는 것이 사실이다. 미세먼지도 해결해야 하지만 핵심은 탈탄소화로 이를 위해서는 자동차를 구동시키는 동력에 전기 모터를 추가하는 전동화(electrification)뿐만 아니라 대체 연료를 사용하는 등의 대체 구동기관의 개발이 중요하다.

(1) 전기구동기관

이런 문제를 하나로 묶을 수 있는 것으로 자동차 구동기관의 전동화가 제시되고 있다. 내연기관에서 전기구동기관으로의 전환을 한다는 것은 모빌리티 생태계 자체가 변한다는 이야기이며, 이를 효과적으로 제어하기 위해서는 디지털 솔루션이 필요하기 때문이다. 자율주행과 커넥티드 또한 자동차를 효율적으로 사용하기 위한, 그래서 탄소 배출을 조금이라도 줄이고 연비를 높이는, 전기구동 자동차라면 전력 소모량을 줄이는 솔루션이라고 할 수 있는 것이다.

① 전기자동차

'전기자동차'란 전기 공급원으로부터 충전받은 전기에너지를 동력원(動力源)으로 사용하는 자동차를 말한다(환경 친화적 자동차의 개발 및 보급 촉진에 관한 법률 제2조 제3호). 태양광자동차, 하이브리드자동차, 연료전지자동차 등과 함께 '환경 친화적 자동차' 중 하나로 정의되어 있다.

전기자동차의 역사는 내연기관 자동차와 비슷한 시기에 개발되었다. 1830년대에 최초로 개발되었고 시속 100km/h를 처음 돌파한 것도 전기자동차였다. 하지만 당시의 전기자동차 역시 기술적인 한계로 높은 가격, 무거운 배터리, 긴 충전시간 등의 현실적인 문제로 인해 성능 향상이 지지부진하였다. 반면에 내연기관 자동차는 대량생산체제를 통해 가격을 낮추고 지속적인 개량을 통해 발전을 거듭하였다. 결국 전기자동차는 경쟁력을 잃고 시장에서 사라졌다가 1990년 이후 지구의 환경 문제가 대두될 때쯤 다시 주목받게 되었다.

2005년 이후부터 전기자동차의 개발이 본격적으로 이루어지기 시작하였고 21세기 들어서 전력전자기술과 반도체 등의 첨단기술에 힘입어 내연기관 자동차가 100년에 걸쳐 쌓아올린 성능을 10년도 안 돼서 극복하는 데 성공했다.

테슬러 모델 S

② 하이브리드자동차

자동차의 동력원을 2가지 이상으로 사용할 수 있도록 만들어진 자동차로 보통은 전기모터를 같이 쓰며, 전기자동차와는 달리 내연기관엔진을 함께 사용한다. 일반적으로 기존의 화석연료(가솔린, 디젤)를 사용하는 엔진을 사용한다. 엔진과 모터의 비율에 따라서 여러 종류의 하이브리드로 구분되며 보통은 연비를 높이기 위해 이러한 방식을 사용한다. 하이브리드자동차로 불리기 위한 필수 조건은 배터리와 전기모터를 갖추고 있어야 한다는 것이며, 배터리와 전기모터만으로 구동되는 차는 순수한 전기자동차와, 기존 방식의 내연기관을 함께 갖추고 있기 때문에 하이브리드(복합) 자동차라 하는 것이다.

도요타 프리우스 하이브리드 엔진-모터-변속기 세트

③ 연료전지 자동차

수소를 사용하여 전기로 변화하여 연료전지에 충전하고 이를 이용해 발전한 전력으로 운행하는 방식이다. 이런 종류의 자동차는 보통 전기자동차라는 이름 대신 수소연료전지자동차(Fuel Cell Electric Vehicle, FCEV) 등의 이름으로 불린다. 전기자동차의 가장 큰 문제점인 전기동력원을 수소라는 고효율 연료를 사용함으로써 충전 속도, 저비용, 고성능의 결과를 얻게 되는 방법으로, 배터리와 더불어 전기자동차에 가장 적합한 동력 공급장치의 하나로 손꼽힌다. 그러나 수소 공급 인프라의 구축이 쉽지 않고 결정적으로 배터리 기반 차량 시장이 먼저 급속하게 성장하는 바람에 수익성을 따지는 기업들이 수소자동차 개발에 소극적인 상황이다. 실용성이나 기술적인 면에서는 배터리 기반 전기차보다 여러 면에서 더 많은 장점을 보이지만 인프라 구축의 어려움으로 수소자동차의 발전을 저해하고 있다.

현대자동차 투산 수소연료전지자동차

3. 커넥티드(Connected) 기술이 내 생활을 바꾼다

이른 아침 스마트폰 알람이 나를 깨운다. 눈을 뜨는 순간부터 세상 모든 것과 연결(Internet of Everything, IoE)된다. 모니터로 구성된 거실 벽면은 집 안의 모든 상황을 알아 볼 수 있는 정보가 표시된다. 그리고 나의 하루 패턴까지 분석해 그날의 적정한 메시지를 전달한다. 물론 스마트폰을 통해서 간단하게 확인하고 조정할 수 있다.

스마트폰 애플리케이션을 통하여 미리 오늘의 일정과 이동선을 설정한다. 동시에 그 내용은 자동차에 전달되어 현관 앞에 자동으로 대기하도록 지시한다. 운전자의 성향에 따라 지문이나 비밀번호 등으로 신원 확인을 한 후 탑승한다. 차 안에서는 지문이나 음성 등 생체인식장치 등을 통하여 다시 한번 신원을 확인한다. 안전이 중요한 만큼 이 정도 절차는 감수한다.

손가락을 대면 감촉이 전달되는 햅틱 기능으로 운전석 중앙에 디스플레이가 가동된다. 그때부터 자동차는 하루 종일 내가 하는 일을 지원하고 동행한다.

(1) 당신이 상상하는 대로 이루어진다

오늘날 자동차는 기계적 이동 수단이 아닌 상상력의 집성체로 생활의 또 다른 공간으로 발전해 가고 있다. 지금까지는 '백 투더 퓨처(Back to the future) 같은 공상영화나 만화에서 나오던 것을 자동차를 통해 할 수 있게 될 것이다. 무엇을 할 것인가는 각자가 생각하는 상상력에 따라 달라진다.

달리는 즐거움을 최우선으로 했던 자동차가 이제는 'Moving Device'가 되어가고 있다. 이제는 여기에 '연결된다'가 추가 되었다. 그 연결에 의해 우리는 전혀 새로운 세상을 만날 수 있게 된다. 그 핵심은 인터넷이 만들어 낸 연결성(Connectivity)이다. 지금 인간은 조그마한 스마트폰 하나로 언제 어디서나, 누구하고나 연결되어 있다. 국가와 언어를 불문하고 의사소통이 가능하고 원하는 것을 얻을 수 있다.

그 연결성이 자동차의 본질에 포함되고 있다. 커넥티드카(Connected Car)란 V2x(Vehicle to x)로 표현되는 것처럼 자동차와 그 무엇을 연결시키는 모바일 통신에 의해 클라우드와 접속함으로써 자동차가 가진 기능과 가치를 증폭해 새로운 장으로 이동하는 기술이라고 정의되고 있다. 위에서 언급한 자율주행차를 위한 기술들은 사실은 커넥티드카를 실현하기 위한 안전장비라고 할 수 있다.

그렇다면 커넥티드카와 내 삶은 어떤 관계가 있을까. 사물인터넷이라는 용어가 사용되면서 많은 사람들이 외래어임에도 불구하고 어느 정도 이해하고 있을 커넥티드카와 실생활과의 관계를 짚어 본다. 내 스마트폰에 애플리케이션을 설치하면 스마트폰 내에 있는 각종 일정 프로그램들이 자동으로 통합된다. 개인에 따라 차이가 있겠지만 전날 저녁 다음 날 일정을 스마트폰 앱에 입력하고 그 스마트폰을 차 안에 두기만 하면 일정에 따라 내비게이션이 작동하고 약속 장소와 시간을 알려준다. 그것으로 무엇을 할 수 있는지는 앞의 3절 시작에서 상상해 보았다.

BMW

(2) 커넥티드카의 현주소와 미래

커넥티드카의 등장은 '미래는 항상 발전한다'라는 전제하에 어떻게 달라질 것인가를 상상한 결과다. 가치관이 변화고 생활 형태가 달라진다면 그들에게 자동차를 통해 어떤 즐거움을 어떻게 줄 것인지를 먼저 상상한다는 것이다.

앞으로 대부분의 자동차에도 스마트폰의 U-Sim처럼 SIM 카드가 기본으로 장착될 것이다. 이를 통해 LTE망을 사용하여 교통 체증 상황에서 대체 루트를 선택할 수 있게 해 준다. 현재 일부 스마트폰의 내비게이션에서 실시간 교통 상황을 알려주듯이 자동차도 가능하다.

복잡한 생활을 극복하기 위해 자동차에 관한 관리나 문제, 주행 시 상태 등을 확인하고 알려준다. 물론 내 차의 현 위치도 파악할 수 있어 도난에도 대응한다. 이것이 바로 '새로운 자동차를 통한 생활을 상상하는 일'이다. 앞으로의 운전자들이 어떻게 변할 것인지를 상상하고 각 개인에 맞춰 서비스할 수 있는 방법을 찾아내 준다. 100% 네트워킹을 통해 언제, 어디서나 모든 기능을 차 안에서 구현하여 운전의 의무에서 벗어난 생활공간으로 설계되고 있다.

(3) 산업 간의 영역 붕괴 및 융합

커넥티드카는 전통적인 자동차산업의 성격을 바꾸고 있다. 기계 부품 위주의 전통적인 제조업에서 정보통신이 결합된 정보통신산업의 형태가 결합되어가고 있다. 스마트폰이 우리의 삶에 변화를 일으킨 것처럼 커넥티드카 또한 우리의 삶을 새로운 영역으로 안내하게 될 것이다.

LG와 폭스바겐의 커넥티드 카 개발 협업

이미 많은 자동차회사와 부품회사, IT회사가 협력 또는 제휴하고 있다. 다음은 2016년과 2017년 사이 쏟아진 자동차업계와 반도체 및 IT업계 간의 커넥티드카 개발을 위한 제휴에 관한 뉴스 제목들이다.

- 폭스바겐, LG 전자와 커넥티드 카 개발 협업
- 쌍용차, 테크 마힌드라 · LG 유플러스와 손잡고 커넥티드카 개발
- 독일 3사, 커넥티드카 협업체계 구축
- 르노-닛산 얼라이언스, 마이크로소프트사와 커넥티드 드라이빙 기술 개발 파트너십 체결
- 현대차, 커넥티드카 개발 위해 시스코와 협업
- BMW 그룹 코리아와 SK텔레콤, 5G 무선통신 커넥티드카 기술 협력
- GM, 온스타고에 IBM의 AI 서비스 '왓슨' 탑재
- 포드와 토요타, 커넥티드카 개발 위한 컨소시엄 설립
- 메르세데스, KT 와 협력한 '메르세데스 미 커넥트' 출시계획 발표
- BMW와 IBM, 커넥티드카 클라우드 서비스 제휴

자동차회사와 IT회사 간의 협력에 의해 새로운 비즈니스를 창출하고자 하는 움직임이라고 할 수 있다. 물론 이런 제휴를 통한 기술을 자동차회사들은 나름대로의 이름을 부여해 소비자들에게 어필하고 있다.

- BMW Vision Connected Drive
- 메르세데스 벤츠 Mercedes me connect
- 아우디 Audi Connect
- 크라이슬러 Uconnect
- 쉐보레 Mylink
- 포드 SYNC3
- 닛산 Carwing
- 혼다 Honda link

- 현대 Blue link / 기아 UVO
- 토요타 Entune

Ford의 Mobility company 선언

(4) 자율주행차는 누구에게로

사물인터넷이라는 개념이 등장하고 그것을 생활에서 구현한 것이 스마트폰이다. 일상적으로 사용하는 물건들조차 연결되어 있다. 달리는 거리를 온라인으로 기록할 수 있는 운동화에서부터 집주인이 주택의 에너지를 온라인으로 관리하는 소위 스마트홈에 이르기까지, 연결성(connectivity)에 대한 개발은 이제 당연한 것으로 여겨지고 있다.

독일의 콘티넨탈은 연결성에서의 잠재력을 보고 일찌감치 인터넷에 연결된 자동차를 개발 방향의 핵심 주제로 삼았다. 혁신적인 기능을 만들어 내기 위해 콘티넨탈은 자동차 부품과 시스템을 서로 더 긴밀히 연결시키고, 동시에 외부 환경과도 차량이 더 밀접하게 통하도록 하고 있다.

연결된 자동차 기술은 운전자의 안전과 편안함을 증대시키면서 연료 소비는 줄이는 데 일조하고 있다. 주행제어장치(Drive Control Units)는 데이터 버스를 통해 안전기능과 편의장치들과의 통신을 가능하게 하고 주행 환경 센서 시스템을 넘어서서, 다른 자동차 및 클라우드와의 연결성도 머지않아 일상화될 것으로 보인다.

얼마 전까지만 해도 자율주행차 관련 뉴스에서 구글이 주도해왔다. 구글은 자율주행차를 개발하는 웨이모(Waymo) 부문을 별도로 설립해 10여 년 동안 수많은 실험주행을 했고 2018년 11월 택시의 상용화를 선언했다. 하지만 아직 운전석에는 사람이 운전사가 탑승해야 하고 지역도 한정되어 있다.

하지만 최근에는 대형 자동차 업체들이 자율주행차에 대한 통합적인 개발을 진행하면서 구글의 웨이모 등보다 앞선 행보를 보이고 있다. 수많은 하드웨어 부품과 소프트웨어로 구성된 자율주행차를 개발하기 위해서는 기존 완성차업체들이 더 경쟁력이 있다는 것은 당연하다.

자율주행차의 본질은 독일회사 ZF가 표현한 데로 '달리고 돌고 멈추는' 것이 아니라 '보고 생각하고 이동한다'로 바뀌어 갈 것이다. 센서를 통해 인식하고 컴퓨터와 클라우드 등을 통해 주행계획을 수립하고 운영체제와 인공지능 등 소프트웨어를 통해 차량을 제어한다. 이를 위해 자율주행차에는 수많은 센서와 카메라, 밀리파 레이더 등이 채용된다. 어느 한 센서의 오류가 발생했을 경우 다른 센서로 대응하기 위함이다.

4. 자율주행차의 실용화를 위한 생태계 구축

완전 자율주행을 위해서는 기술적으로 아직까지 해결해야 할 과제가 많다. 몇 가지의 예를 들어 보자. 센서와 카메라는 아직까지 하늘에서 내리는 눈을 장해물로 혼돈한다. 그러면 자동차는 그 자리에 정지해 버린다. 야간에 전방의 상황 인식은 카메라를 비롯한 각종 센서는 물론이고 클라우드를 통한 커넥티비티의 기능으로 해소할 수 있겠지만 5G 등 통신망이 완벽하게 작동해야 한다는 전제가 필요하다. 완벽하게 작동한다고 해도 100% 안전을 담보할 수 없다.

주행계획을 세우기 위한 인프라도 아직은 실현에 거리가 있다. 건물이나 도로 등 정적 지도 외에 수시로 변하는 주변의 상황을 감지해 대응할 수 있는 동적 지도에 대한 기술력 확보도 선행되어야 한다. 지금은 내비게이션의 지도가 차도 구분을 못하고 있지만 주변의 차량이나 물체와의 유격을 10cm 이내로 유지하거나 회피할 수 있는 조건을 갖추어야 그 다음 단계로 나아갈 수 있다.

이러한 인프라를 구축하기 위한 사회적인 노력도 중요하다. 배터리전기차, 또는 연료전지차가 보급된다고 하면 그 보급만으로는 자동차를 구동시킬 수 없다. 충전 또는 주유를 위한 인프라가 필수적으로 필요한데, 이것은 어느 한 자동차 제조사만의 노력으로는 실현할 수 없다. 각 도시 또는 정부가 같이 나서야 하며 규격에 대한 규제 등을 면밀히 검토할 필요도 있다. 자율주행차 개발 역시도 그렇다.

한국의 도로교통공단이 2018년 말 완공을 목표로 하고 있는 자율주행차 시험도시 K-시티는 주목할 만하다. 이미 2015년 5월부터 국내 자율주행차 보급을 위해 2020년까지 레벨 3의 자율주행 달성을 위한 플랜을 수립하고 시행 중인 도로교통공단은 현재 임시운행허가제 등을 통해 자율주행차 기술 개발에 일조하고 있다. 여기에 안전하게 자율주행차의 실전 주행시험이 가능한 K-시티는 물론 가상공간에서 안전성을 검증할 수 있는 사이버 K-시티도 준비 중이다.

미래의 자동차가 앞으로 어떻게 변할지는 더 두고 봐야 할 것이고 운전대에서 손을 잡을 필요가 없는 자율주행의 상용화가 예상보다 빨리올지 늦게 올지는 모른다.

그래도 사람과 기업, 환경을 동시에 생각한다면 발전을 멈출 수는 없다. 이는 새로운 생태계를 구축해 전 세계를 상대로 자동차산업을 포함한 모빌리티 산업을 발전시키는 데도 큰 영향을 끼친다.

chapter

10

4차 산업 그리고 창업

가상현실과 증강현실

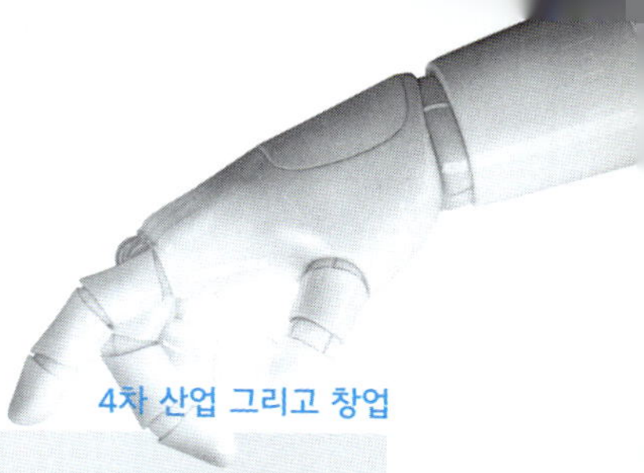

chapter 10 가상현실과 증강현실

1. VR/AR의 탄생과 유래

(1) VR

가상현실(Virtual Reality, VR)이라는 개념은 1938년 프랑스의 극작가인 앙토냉 아르토가 수필에 썼던 표현(Réal-ité virtuelle)에서 비롯되었다. 당시 앙토냉 아르토는 영화 속 스크린에 비쳐지는 배우들이 실제 배우의 모습을 재현하고 있지만 관객이 마주하게 되는 것은 영사기로 구현된 빛과 이미지라는 사실에 주목했었다.

VR, 가상현실의 기본 개념은 '실제와 유사하지만 실제가 아닌 인공 환경'을 의미한다. 따라서 넓은 의미로 보면 플라이트 시뮬레이터 등의 시뮬레이션, 세컨드 라이프 등의 게임과 같은 시각매체 역시 가상현실에 포함될 수 있다. 하지만 일반적으로 가상현실이라 말하면 단순히 가상의 공간을 구현하는 것을 넘어서서 사용자의 오감에 직접적으로 작용하여 실제에 근접한 공간적・시간적인 체험을 가능하게 하는 기술을 의미한다.

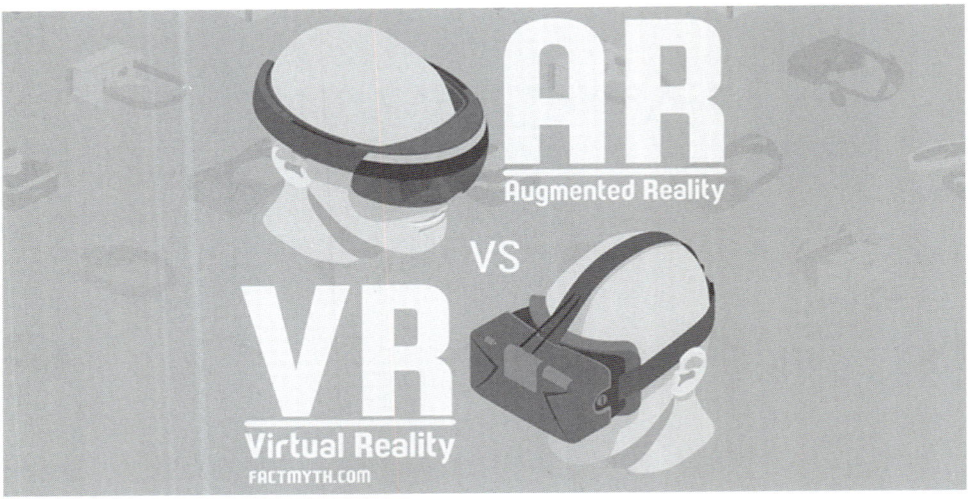

출처 : 구글

(2) VR의 진화로부터 비롯된 개념, AR

1963년 이미 컴퓨터 인터페이스 분야에서 '스케치 패드'를 선보여 이후 컴퓨터 과학자들이 마우스와 GUI(Graphical User Interface)를 선보이는 데 큰 역할을 했던 이반 서덜랜드는 1966년 VR에 대한 인터페이스를 연구하던 중 사람이 머리에 직접 착용하는 헤드 마운티드 디스플레이(HMD)를 고안해 낸다.

1990년 보잉 항공사의 연구자였던 토마스 카우델은 그런 개념들을 증강현실(Augmented Reality, AR)이라고 불렀다. VR이 가상의 현실을 구현하는 것이라면 AR은 현실 위에 가상의 부분을 추가해, 현실을 확장하는 개념이라고 할 수 있다. 늘어나고 확장된다는 뜻의 Aug-ment-ed를 붙인 AR은 일본에서 이를 '증강'이라는 표현으로 번역함에 따라 한국에서도 그대로 '증강현실'이라고 명칭하게 되었다.

AR은 2000년대 들어 대중화된 스마트폰과 스마트 기기 문화로 인해 더욱 획기적인 발전을 이루게 되며 다양한 센서들이 현실에서 다루기 쉬운 작은 기계에 결합되어 사진촬영 분야는 물론 게임과 소셜 미디어에서도 끊임없는 진화를 보여 주고 있다.

2. VR/AR의 현실화

AR과 VR은 너무나 앞선 개념이었던 까닭에 컴퓨터가 등장하기 이전에도 엉뚱한 발명품으로 취급되었으나, 컴퓨터가 등장하자 더욱 다양한 시행착오를 거쳐 변화하기 시작되었다.

(1) 닌텐도의 등장

AR/VR은 게임기 분야에서 두각을 나타내었다. 1989년 휴대용 비디오게임기 '게임보이'와 1990년 16비트 비디오 게임기 '슈퍼 패미콤'을 연달아 내놓으며 전 세계 게임시장을 키우며 큰 흥행을 기록했던 닌텐도는 1995년 첫 32비트 게임기를 내놓았다.

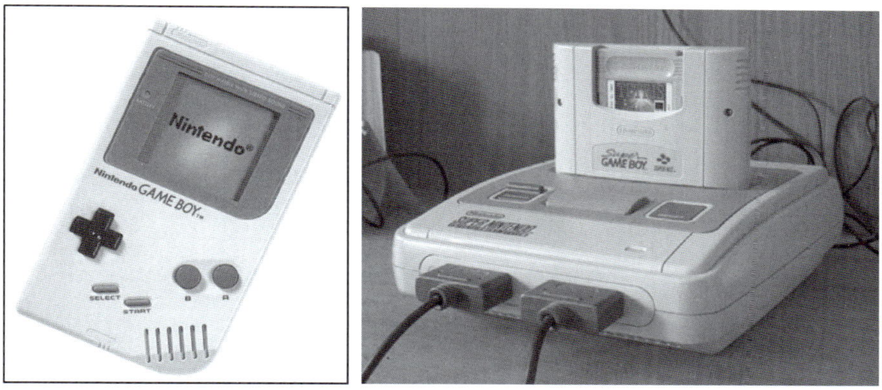

출처 : 닌텐도 포켓 게임 보이, 슈퍼 패미콤(닌텐도)

HMD와 게임기의 구조를 결합시킨 휴대용 결합기였는데, '버츠얼 보이'라는 이름이 붙은 이 게임기는 말 그대로 버추얼 리얼리티 분야에서 획기적으로 등장한 고성능 게임기이며 동시에 엄청난 실패작이 되었다. 휴대성을 강조했지만 2.2kg의 무게는 부담스러웠고, 안구에 밀착한 스테레오스코피 스크린을 통해 구현된 3D 입체화면이 많은 이용자에게 심한 멀미를 일으키는 부작용을 유발했다.

2000년대 후반에 들어서 아이폰을 선두로 한 스마트 기기가 휴대성과 더불어 정교한 센서들을 통제하는 뛰어난 운영체제에 의해 한결 더 쉽고 구체적으로 AR의 가능성을 제시하게 되었지만, 업계는 그 사업성이나 흥행에 대해서는 이렇다 할 결과물을 보여 주지 못하였다.

(2) 포켓몬을 통한 닌텐도의 부활

모션센서 기술들을 기반으로 소니의 플레이스테이션 4와 마이크로소프트의 XBOX ONE이 한층 더 독창적이면서도 재미있는 VR 기술들을 선보였다.

하지만 닌텐도가 2016년 7월에 공개한 '포켓몬 고(Poketmon Go)' 게임은 닌텐도를 다시 화제의 중심으로 만들게 된다. '포켓몬 고'는 보편화된 스마트폰의 GPS와 지자기 센서를 이용해서 현실의 지도세계에 포켓몬이라는 가상의 캐릭터이자 닌텐도가 보유한 인기 캐릭터 콘텐츠를 구현했다.

게임의 실제 개발사인 나이언틱은 여러 해 전 스마트폰을 통해서 현실 지형에 가상의 지도와 영역 개념을 게임으로 구현한 '인그레스'로 큰 주목을 받았는데, 닌텐도는 그런 나이언틱의 기술에 자사가 보유하고 있던 콘텐츠를 결합하여 재미있는 스토리와 오락성을 부각시켜 버추얼 보이의 실패 경험을 극복하고 AR의 큰 성공 사례를 얻게 된다.

포켓몬 고

3. VR/AR의 진화

AR은 게임기 분야뿐 아니라 스마트워치 같은 웨어러블 디바이스는 물론 다양한 영상 중계 플랫폼에서도 조금씩 그 강점들이 구현되고 있다. 앞으로는 수많은 VR과 AR 관련 콘텐츠가 인간의 요구에 따라 개발될 것이다.

2018년 한국과학기술기획평가원(KISTEP)이 발표한 보고서에서는 AR의 성장성이 VR보다 크며 2022년 전 세계 AR/VR 시장은 1,050억 달러(한화 118조 9,650억 원) 규모로 약 86%에 해당하는 900억 달러(101조 9,700억 원)를 AR이 차지했다.

KBS, 2018 평창 동계올림픽 천상열차 분야 지도 AR

(1) 구글글래스

특수 안경을 착용하고 가구매장을 둘러보다 마음에 드는 식탁을 찾는다. 스마트폰을 식탁 방향으로 갖다 대면 가격 정보와 무게 · 길이 등 필요한 정보가 보이며 개별 물체를 식별하고 관련 정보를 검색 · 표시해준다. 거리에서 길을 헤맬 때도 지도와 연동돼 실제 거리에 가야 할 길을 표시해준다. 구글의 구글글래스 등에서 볼 수 있는 AR 기능이다.

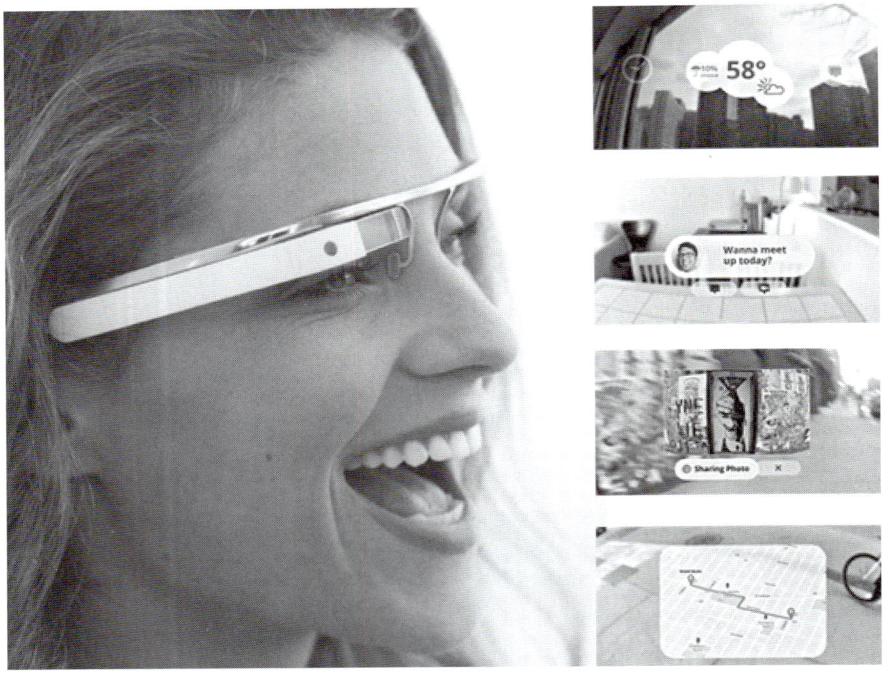

2017년 다시 상용화한 구글글래스(펌웨어 XE23)

(2) 의료 분야의 VR/AR

수술이 한창인 수술실, 수술이 막바지에 이르자 모니터 위에 환자의 3D 의료 영상이 나타난다. 원하는 각도와 위치를 세밀하게 계획해 수술 결과를 미리 시뮬레이션 해두었던 영상과 실제 수술 직후 환자의 수술 결과가 일치하는지 확인하기 위해 3D 영상은 수술대 위에 누워 있는 환자의 턱과 겹쳐졌고, 수술 정확도를 파악한 후 의사는 수술을 마무리한다.

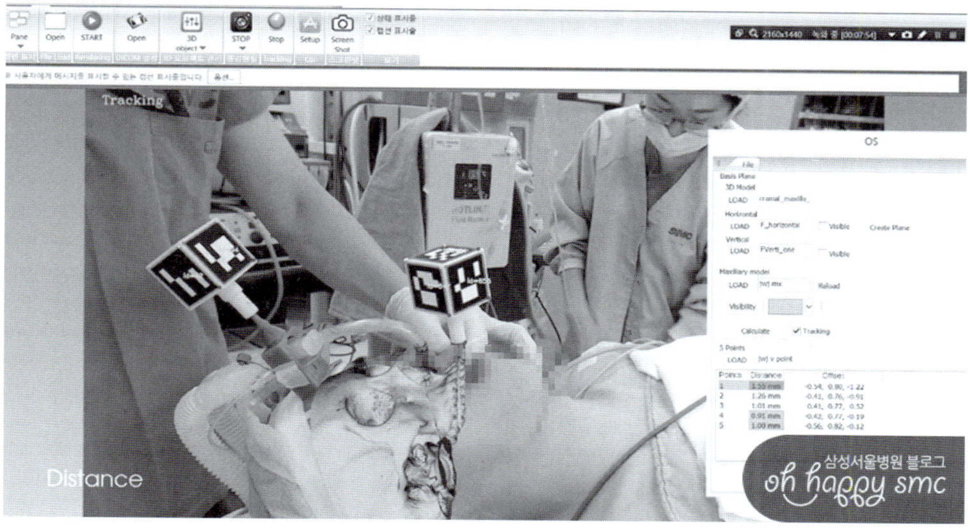

수술 중 AR이 적용된 모습, 피부 속의 얼굴뼈가 보임(see-through) : 삼성서울병원

환자의 검사 결과를 토대로 3D 영상을 AR로 제작해 기존 검사에서는 보이지 않는 위치와 각도를 계산해 가상 수술해보는 것이 가능해졌고, 이를 통해 수술계획과 실제 수술한 결과가 정확하게 일치하는지를 정량적으로 수술장에서 분석하고 확인이 가능한 것에 가장 큰 의의가 있다고 할 수 있다.

2016년에는 수술 후 정확성 재검토를 위해 AR 기술이 활용되었지만, 가까운 미래에 더 넓은 영역에서 최첨단 기술이 활용될 것이라고 기대하고 있다. 구강얼굴 수술 외에도 암 수술, 재건 수술 등 수술계획 단계에서 가시적으로 보이지 않는 부분까지 고려해 수술 범위를 정할 수 있고, 수술장에서 실시간으로 AR기술을 적용시킴으로써 정확도를 높일 수 있기 때문에 앞으로 다양한 영역에서 접목이 될 전망이다(2016 삼성서울병원 블로그).

(3) 제조업 분야

미국 최대의 방위산업체 록히드 마틴(Lockheed Martin)은 2018년 화성탐사선을 비롯한 우주선의 디자인과 제작과정에 마이크로소프트(Microsoft)의 AR 기기인 홀로렌즈(hololens)를 활용하여 조립 프로세스 검증을 진행하고 있다. 기술자가 인공위성이나 우주선, 기타 제품을 제작할 때 참조해야 할 모든 정보를 하나로 모으고 그 정보들을 쉽게 기술자에게 전달하여 정확한 발생 가능성이 있는 문제점을 사전에 예방하고 있다.

록히드 마틴 AR 설계

항공기 제조업체인 보잉(Boeing)도 MS사의 홀로렌즈 기술을 사용하여 비행기 내 전기부품을 조립하는 데 적용할 뿐 아니라 산불에 대한 정보와 각종 항공정보를 실시간 접수해 가장 효율적인 소화 전략을 도출하는 데 응용하여 산불대비 훈련용으로도 이용하고 있다.

MS사의 홀로렌즈

(4) 군사 분야

최초의 증강현실기술은 군사 목적으로 개발되었다. 전투기 조종석 앞에 장착되는 HUD(Head-Up Display)와 공격헬기 조종사 헬멧에 소형 투명 디스플레이가 장착되는 형태로 구현되었다. 조종사는 시야를 그대로 유지하면서 투명한 디스플레이를 통해 방향, 속도, 고도 등의 정보들을 확인할 수 있게 되었다. 이 외에도 헬멧에 장착된 카메라로 촬영한 화면을 HMD에 투영하는 방식도 사용되고 있다.

AR의 군사적 활용을 위해서는 정보를 실시간으로 제공하기 위해 높은 컴퓨터 성능과 빠른 통신 속도가 필요하다. 기기 운용에 관련된 정보 외에도, 사용자의 시선과 이동속도 등 모든 움직임을 파악해야 한다. VR을 구현하기 위해서는 GPS, 중력 센서, 상세한 지도가 들어 있는 위치정보시스템, 정보를 융합하여 표시할 AR 소프트웨어, 그리고 디스플레이가 필요하다.

그 동안 AR은 실제 시야에서 평면적인 가상정보만을 제공했지만, 최근 MS(Microsoft)사의 홀로렌즈와 같은 3차원 홀로그램(hologram)으로 정보를 표현하는 장비도 개발되고 있다. MS는 미군에게 전장에서 병사 추적, 항공기 수리 등 다양한 분야에서 홀로렌즈 사용을 제안했다고 알려졌다.

군사용 AR은 전투기의 HUD 등을 통해 오래전부터 활용되어 왔다. 전투기에서 좌표, 고도, 속도 등의 정보를 알려 주기 위해 사용되는 HUD는 수송기, 헬기 등으로 사용 대상이 확대되었고, 최근에는 민간에서 자동차 운행에도 사용되고 있다. 전투기에 사용된 AR은 헬멧에 정보를 투영하는 HMD로 발전했고, F-35에 이르러서는 360도 전 방향 상황인식 능력까지 보유하게 되었다.

평면형 가상현실을 사용한 F-35용 시뮬레이터

HMD는 평면형 스크린보다 훈련 효율이 높다. 미 육군은 2014년 센트럴 플로리다 대학과 함께 UH-60 헬기 승무원들에 대한 HMD와 평면 스크린을 사용한 훈련을 비교했다. 측정에는 얼마나 다른 장소나 환경에 실제로 있다고 느끼는가를 평가하기 위해 1998년에 고안된 설문지가 사용되었다. 이 점수가 높을수록 가상훈련의 효과도 높았다. 사용된 시뮬레이터는 레이도스(Leidos)사의 NCM3였는데, 결과는 일반 LCD 화면을 볼 때보다 HMD를 착용했을 때 더 높은 훈련 효과를 보였다는 연구 결과가 나왔다.

HMD를 사용한 몰입형 교육은 시뮬레이터 탑승 전 훈련, 낙하산 훈련, 대형 함정

친숙화 교육, 보병 전술훈련 등 다양한 분야에서 활용되고 있다. 많은 IT 관련 방위 산업체들이 몰입형 VR 훈련 시스템을 개발하고 있다.

낙하훈련용 시뮬레이터 파라심

4. 대한민국 VR/AR의 과제

IT강국이라는 한국이지만 글로벌 경쟁 환경 속에 한국의 기기 보급과 적극적인 투자가 미흡한 상황이었으며 최근에야 정부 R&D 투자가 2012~2016년 37% 증가하여 가상현실 구현에 필요한 디스플레이 기술과 트래킹 소프트웨어 기술(사용자의 행동 등 생체인식)은 국제적 경쟁우위를 점하게 되었다. 그러나 트래킹 센서 관련 부품이나 상용화된 AR/VR 핵심 하드웨어는 90% 이상 수입에 의존하여 미국 등 선진국에 비해 격차가 있는 상태이다.

국가와 기업이 힘을 합쳐 기술 확보를 위한 환경을 구축하고, 투자요인을 개선하며, 공공사업을 통해 초기시장을 마련하는 등의 기반 확충을 위한 정책을 실시해 경쟁력을 끌어올려야 한다.

AR/VR 기술 실용화 및 기술의 확장 등 상업적 성공에 기여할 수 있도록 산·학·연 중심의 R&D 투자가 필요하며 기술을 개발하는 것에 더해 실용화 단계까지 가려면, 협력적 연구가 효율적이다. AR/VR에 대한 연구는 현재 단독연구가 65%로 가장 큰 비중을 차지하고 있고, 산학 15%, 산·학·연 협력연구는 2%에 불과한 실정이다.

이를 극복하기 위해 AR/VR 분야의 기초·원천 기술연구에 대한 안정적인 연구 기간 지원, 창업 생태계 조성을 통한 스타트업 및 히든 챔피언 기업 육성 등이 필요한 현실이다.

chapter

11

4차 산업 그리고 창업

창업 그리고 경영

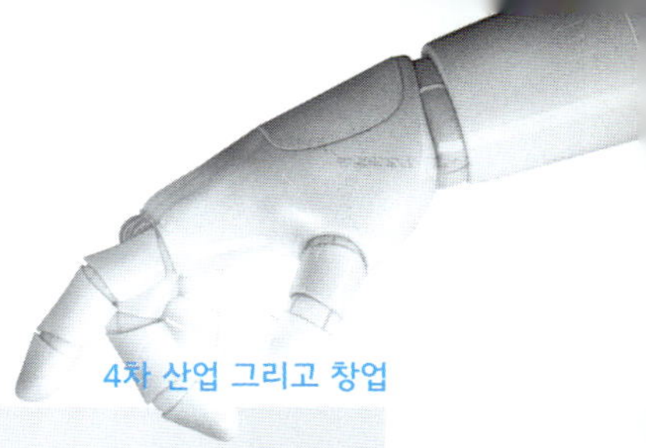

chapter

11 창업 그리고 경영

1. 경영이란 무엇인가?

경영이란 기업이나 단체를 이룬 조직이 그 조직의 목표를 달성하기 위하여 계획을 세우고 실행을 하며 실행 결과를 평가하는 활동과정을 말한다. 스타트업 회사와 같은 소규모 창업의 경우엔 처음부터 조직을 잘 구축하고 바람직한 기업문화를 갖출 수 있는 장점이 있다. 즉, 기업을 시작하는 대표자는 기업의 목표를 달성하기 위하여 조직을 경영하는데, 기업의 목표달성을 위하여 구체적으로 어떤 일을, 어떻게, 누구와, 언제, 어디서 하는가를 지속적으로 결정하고 실행하는 것이 경영인 것이다.

(1) 기업의 특징

경영을 한다고 하는 기업은 다음과 같은 4가지의 특징을 가지고 있는데, 구성원들이 조직되어 있다 하더라도 다음과 같은 특징이 없으면 기업이라 하지 않는다. 교회, 봉사단체, 버스정류장에 모여 있는 사람들은 조직으로 구성되어는 있지만 아래의 특징을 가지고 있지는 않다.

① 목표(objective)

기업의 가장 큰 특징은 목표가 있다는 것이다. 기업을 이루는 구성원(직원)은 기업의 목표를 달성하기 위하여 노력하며, 그런 노력을 하는 과정이나 결과에 자신은 소속감을 느끼게 된다. 특히, 경영의 과정에서 본인의 의사나 행동이 영향력을 끼쳐 목표를 달성하게 될 때 가장 큰 만족감과 자부심을 갖게 된다.

② 위계구조(hierarchy)

두 번째 특징은 기업의 위계구조이다. 예를 들면, 기업은 '사장-이사-부장-과장-사원' 등과 같은 조직구조가 있다. 각 조직 단위를 맡고 있는 사람에게는 조직의 목표를 달성하는 데 필요한 권한과 의무, 책임이 주어지며 이를 종합하면 기업의 목표를 달성하기 위함이다.

③ 규칙(rules)

기업은 기업의 모습과 운영에 대한 내용을 정한 규정이나 규칙이 있어야 한다. 이 규정에는 세부조직의 목표, 위계구조에 대한 것은 물론이고 조직의 운영방침과 방향 등 세부적인 내용이 담겨야 한다. 이 규정은 문서화하여 직원들이 공유할 수 있어야 한다.

④ 목표의 달성 여부(achievement)

기업의 존재는 목표의 달성 여부에 영향을 받는다. 목표를 달성하지 못할 경우 기업의 존재 여부가 불투명하고 구성원들은 의욕상실과 경제적 도움을 주지 못한다. 기업의 목표를 달성하려는 구성원들의 노력은 조직의 성장, 발전에 매우 중요한 영향을 끼친다.

(2) 경영의 역할

기업의 경영은 '계획-실행-평가-개선'이 순환되는 과정으로서 필요한 자금을 조달하고, 직원을 채용하며, 제품이나 서비스를 판매하고, 이러한 결과를 평가하고 개선하며 정리하는 일들이 있는데, 소규모 스타트업 회사의 주요 기능들을 정리하면 다음과 같으며 이를 조직화하면 기구조직이 되는 것이다.

① 인적자원관리 : 직원의 채용, 교육, 배치, 업무부여 및 평가(총무팀, 인사팀)
② 생산 · 운영관리 : 제품이나 서비스의 생산 또는 창출 제공(생산팀, 운영팀)
③ 마케팅 및 고객관리 : 제품이나 서비스의 홍보 판매 및 고객 확보, 증대(영업팀)
④ 재무 · 회계관리 : 조직의 필요한 자금 조달 및 운용, 기업경영활동의 요약(재무팀)

2. 창업회사의 경영관리

경영은 기업의 목표를 달성하기 위한 활동과 과정으로서 기업은 기업의 목표달성을 위하여,

- 계획을 세우고(Plan)
- 이를 실행하며(Do)
- 실행 결과를 평가하고(See)
- 이를 다시 계획에 반영한다(Feed-back).

이를 경영의 순환과정이라고 하며 각 단계의 머리글자를 따서 PDS 사이클이라고 한다. 경영활동은 한 번만 하고 끝나는 것이 아니라 당초 세웠던 계획의 실행 결과를 새로운 계획에 계속적으로 피드백하면서 기업의 목표를 달성하기 위한 방향으로 순환된다.

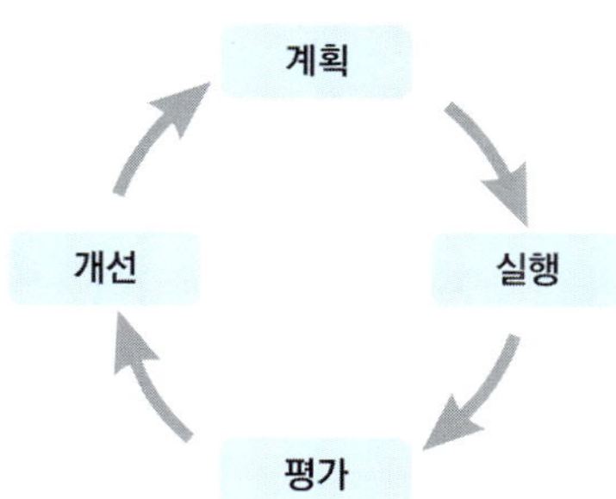

스타트업 기업의 경영관리체계

(1) 계획 수립(Plan)

계획 수립은 기업 또는 세부 조직이 달성하려는 미래의 목표를 정하고, 이 목표를 달성하기 위하여 직원들이 어떤 일을, 어떻게 해야 하는지를 정하는 경영활동으로 가장 중요하다고 할 수 있다. 계획을 수립할 때는 과거에 경험된 자료나 결과보고서

등을 참고하는 것도 좋은 과정이며 기업은 연속되는 기업활동에서 자료의 관리에도 신경을 써야 한다.

계획을 수립할 때에는 실행 기간에 따라 단기계획, 중기계획, 장기계획 등으로 나눌 수 있다. 일반적으로 단기계획은 1년 이내의 일상적인 조직활동에 대한 계획을 말하며, 중기계획은 2~3년 정도의 전술적인 면이 강한 계획이다. 장기계획은 3년 이상의 기간을 대상으로 수립되는 계획을 말한다. 또한 계획은 경영활동에 대한 계획이라는 점 외에도 실행된 경영활동의 평가기준이 된다는 점에서 매우 중요한 의미가 있다.

(2) 실행(Do)

계획이 수립되었으면 이를 실행한다. 실행 단계에서는 계획수립 단계에서 계획된 그대로 실천하면 된다. 계획에 나타난 바에 의해 조직화하고 대표자의 지휘와 조정에 따라 업무를 수행한다.

(3) 평가(See) 및 피드백(Feed-back)

경영활동의 단계에서 마지막 단계인 평가는 경영활동의 실행 결과가 당초 수립되었던 계획과 얼마나 일치하는지를 판단하는 활동이다. 평가를 해 보면 두 가지로 구분될 수 있다. 하나는 계획보다 성과가 나은 경우이고, 다른 하나는 성과가 계획에 못 미친 결과이다. 성과가 좋은 경우에는 직원에 대한 보상과 칭찬이 주어져야 하고, 미흡한 경우에는 그 원인 분석이 선행되어야 한다. 분석된 결과는 다음 계획 수립 시 반영하여 보완하도록 한다.

3. 경영계획 수립의 중요성

경영관리체계 중에서도 경영계획 수립은 가장 중요한 첫 단계이며 이를 기초로 하여 경영의 활동과 평가가 시작된다. 경영계획 수립을 통해 얻게 되는 중요한 결과는 다음과 같다.

(1) 집중도를 높이고 유연성을 향상시켜 준다

계획 수립은 조직과 구성원의 집중도와 유연성을 높여 준다. 계획 수립이 잘 되면 직원들이 하여야 할 일이 명확하기 때문에 조직의 역량이 분산되지 않고 집중도가 커진다. 계획수립이 잘된 조직에서는 어떤 것이 최선을 다하는 것인지 알며, 고객이 무엇을 필요로 하는지, 어떻게 하는 것이 그들에게 잘하는 것인지를 알고 있다.

(2) 조직구성원의 행동지침이 된다

계획은 사람들이 행동할 때 조직의 목표를 달성하는 방향으로 행동할 수 있도록 하나의 지침이 되며 다음과 같은 이점이 있다.

① 결과 지향 : 계획 수립 시 달성하여야 할 성과를 사전에 인지하기 때문에 결과 지향적으로 노력하게 된다.
② 우선순위 : 어떤 일에 우선적으로 관심을 가져야 할지를 안다.
③ 이익극대화 : 모든 자원이 회사의 이익을 극대화하는 방향으로 사용된다.

(3) 조정을 돕는다

기업에서의 각 조직들은 각기 다양한 업무를 동시에 수행하며 이들은 조직의 목표를 달성함과 동시에 기업 전체의 목표를 달성하는 데 기여하여야 한다. 이때 조직간에 갈등이 발생할 때에는 전체 목표에 근거하여 조정 또는 조율을 해 나가야 하는데, 이의 기준이 된다.

(4) 시간을 관리할 수 있게 해준다

계획 수립이 제공하는 또 하나의 이점은 시간관리를 돕는다는 점이다. 계획 수립이 잘 이루어지면 시간을 어떻게 배분하여 활용할 것인지 준비되어 있기 때문에 시간 관리를 용이하게 할 수 있다.

(5) 통제의 근거가 된다

통제활동은 애초에 수립된 계획에 근거하여 이루어진다. 계획수립이 잘되면 성과의 측정 및 평가, 이에 대한 보상, 처벌 등이 합리적으로 이루어진다. 계획 수립 없는 통제활동은 당초 의도한 방향대로 잘되고 있는지를 파악하거나 보완할 수가 없다.

4. 경영계획 수립의 목표 설정

경영계획 수립에서 확실한 목표를 수립하고 목표를 달성하기 위해서는 전략적이고 체계적인 계획을 세워야 하는데, 이러한 목표의 달성 가능성을 높이기 위해서는 SMART 법칙의 5가지 기준에 의해 목표를 설정할 때 달성 가능성이 높아진다.

(1) S(Specific) : 구체적인 목표

목표를 구체적으로 설정하고 언제, 어디서, 무엇을, 어떻게, 얼마나 할 것인지를 분명히 정한다.

(2) M(Measurable) : 측정 가능한 목표

목표달성 진척도를 판단하기 위해서 변화 정도가 오감을 통해 선명하게 관찰될 수 있고 수치로 확인될 수 있어야 한다.

(3) A(Achievable) : 달성 가능한 목표

목표달성의 단계를 계획해서 각 단계별로 행동을 통해서 달성할 수 있어야 한다.

(4) R(Realistic) : 현실성 있는 목표

목표는 현실적이고 적절하며 실현 가능한 구체적인 결과를 도출할 수 있어야 한다.

(5) T(Time - bounded) : 시간 제한 목표

목표달성 기한을 정확히 설정하고 즉시 실행할 수 있는 것이어야 한다.

5. 경영과 기업문화

사람은 저마다의 독특한 성격인 개성이 있듯이 기업들도 그 나름의 특성과 분위기가 있기 마련인데, 우리는 이것을 기업문화 또는 조직문화라고 한다. 즉, 기업문화란 기업이라고 하는 특정 조직체에 의해 생성된 것으로서 '기업에 존재하는 다듬어진 행동양식'이다. 다시 말하면, 기업문화란 기업이라는 조직구성원들에 의하여 의식적, 무의식적으로 만들어지고 형성되는 것으로서 기업의 목표를 달성하는 과정에서 공유된 가치관과 신념, 조직 고유의 상징 특징 및 관리관행, 규범 등으로 이루어진 기업 특유의 문화적 가치 행동체계를 말한다. 스타트업 기업의 경우 새롭게 조직을 구성하고 문화를 구축하기 때문에 기존의 오래된 기업보다 기업문화를 만들고 가꾸기가 좋은 것이다.

(1) 사명선언(mission)

기업의 사명선언은 기업의 사회적 사명이자 사회에 대한 약속이며 기업 스스로의 각오를 나타낸 것이다. 여기에는 기업이 존재하여야 하는 존재 이유와 임직원들의 분명한 각오가 표현되어 있어야 한다.

친숙한 기업들의 사명선언서

애플(Apple)
전 세계의 학생, 교육자, 창조적인 전문가, 소비자들에게 우리의 혁신적인 하드웨어, 소프트웨어, 인터넷의 제공을 통하여 최고의 개인적인 컴퓨팅 경험을 제공하는 데 기여한다.

페이스북(Facebook)
사람들에게 더욱더 개방적이고 연계가 되는 세상을 만들고 공유하는 힘을 제공한다.

구글(Google)
세상의 모든 정보를 조직화하여 이를 누구나 보편적으로 접근할 수 있고 누구에게나 도움이 되게 한다.

(2) 비전(vision)

비전은 기업의 원대한 희망과 미래의 모습을 나타내는 것이다. 미래의 확실한 목표를 설정하고 이를 위해 임직원이 일치단결하여 매진해 나갈 때 기업은 성장, 발전해 나갈 것이다. 이 비전 속에는 원대한 목표와 함께 이를 실현시키기 위한 사업 영역과 전략 방향, 그리고 고객과 구성원에 대한 약속 등이 포함되어 있어야 한다.

(3) 경영이념

경영이념은 기업이념과 비전을 달성하기 위한 회사의 경영원칙이자 경영의 기본원리이다. 기업 활동의 성패를 좌우하는 핵심요소 중 하나는 신속하고 올바른 의사결정과 경영의 일관성을 유지하는 것이다. 이를 위해서는 명확한 기준과 방향성이 있어야 하는데, 경영이념은 바로 기업의 의사결정과 경영활동의 기준이 되는 경영원칙을 말하는 것이다.

(4) 핵심요소

기업문화의 핵심요소는 직원들이 실현해야 할 조직문화의 구체적이고 바람직한 모습을 나타낸 것이다. 기업문화의 기본 바탕을 형성하는 조직분위기 및 의식의 지향점을 나타낸 것으로 직원들의 일상생활과 밀접하게 연관되어져 있다.

(5) 행동지침

직원들의 행동지침은 직원들 모두가 가져야 할 생활자세를 요약해 놓은 것이다. 기업이 원대한 비전과 훌륭한 전략을 가지고 있다 해도 직원들의 관심과 이해를 바탕으로 한 참여가 뒷받침되지 않는다면 아무것도 달성할 수 없게 된다. 기업은 대표자 몇몇이 끌고 가는 것이 아니라 전 구성원들이 힘을 합하여 움직이는 것이다.

(6) 사랑받는 기업들의 기업문화 특성

사랑받는 기업들의 풍부하고 다양한 문화는 한 단어로 요약한다면 사람이 중심이 된다는 것이다. 사람이 경쟁력이고 중요한 자원이다.

① 배움의 문화

사랑받는 기업들은 '배우는 조직'이 되기 위해 매우 노력한다. 그들은 기존 직원뿐만 아니라 새로운 신입직원의 교육에 대해 많은 투자를 한다. 교육을 통해 회사의 경영가치와 비전 등에 대해서도 같은 생각, 같은 마음을 갖는 것이다.

② 신뢰의 문화

높은 성과를 보이는 기업들은 직원들 상호 간에 많은 신뢰를 갖고 있고 외부로부터 높은 신뢰를 받는 기업들이다. 신뢰는 기업, 직원, 고객 그리고 다른 이해 당사자들이 최소의 갈등과 최대의 조화로 함께 일할 수 있게 해주는 윤활유이다.

③ 성실함의 문화

사랑받는 기업의 대부분은 성실성의 가장 높은 기준을 유지하는 것을 강조한다. 이것은 사명선언이나 다른 공식적인 문서에 직접적으로 반영한다. 성실함은 관련되어 있는 모든 사람들과의 긍정적이고 이익이 되는 기초이다.

④ 투명성의 문화

요즈음 기업에서는 성실함과 함께 중요한 가치로 투명성을 들고 있다. 오늘날 정보가 넘치는 세상에서, 기업들이 중요한 정보를 직원, 고객, 공급업체나 다른 외부에 숨기는 것은 사실상 불가능하다. 투명성은 기업에게 이점을 줌과 동시에 직원들 간에 신뢰를 쌓는 중요요소이다.

⑤ 소속과 일체감의 문화

사랑받는 가업들은 소속감 혹은 사랑의 분위기를 만드는 데 탁월하다. 이것은 직원들, 고객들이 한 기업에 같은 일원으로 속해 있다고 느끼는 것을 말한다. 사랑받는 기업의 직원들은 그냥 직원이 아니라 가족이다. 직원이나 고객들의 가족까지 생일을 챙겨줘 보자.

⑥ 재미(FUN)의 문화

기업의 매우 중요한 문화가치는 '재미'이다. 직장에서 재미있는 분위기를 만드는 정도는 차이가 있지만 모두 그것이 중요하다고 생각하고 있다. 이런 것들이 직원들로 하여금 회사에 대한 자긍심과 동기부여를 제공한다.

사례

대한민국 청춘의 성공 롤모델 - 꿈을 전파하는 '골든벨 소녀' 김수영

1999년 실업고 출신으로는 처음으로 '도전 골든벨'에서 골든벨을 울려 화제가 된 김수영씨가 '꿈의 전도사'로 나섰다. 글로벌기업 로열 더치쉘의 영국지사에서 총괄매니저로 근무하고 있는 그녀는 해외 취업을 모색하고 있는 젊은이들 사이에선 이미 유명인이다. 블로그에 해외취업 성공기를 올린 것을 계기로 많은 젊은이들의 해외취업의 멘토를 해주고 있다.

"하루 800여 명이 제 블로그를 방문합니다. 요즘은 너무 바빠서 답장을 못하고 있는데, 가장 많이 받는 질문이 '토종 한국인도 가능한가?', '학벌이 좋지 않은데 가능한가?' 등이에요. 그런데 도전해 보지도 않고 포기하는 분들이 많아요. 저 역시 국내는 물론 해외에서도 수없이 떨어졌지만 다시 부딪치면서 하나씩 이뤄가고 있는 걸요?"

김씨의 삶은 많은 이들에게 용기를 준다. '가출소녀'로 불우한 시절을 보내다 자신의 꿈을 발견하면서 180도 다른 삶을 살게 됐기 때문이다. 그녀는 중학교 시절 막노동하던 아버지가 술에 의지하면서 가정을 소홀히 하자 방황하기 시작했다. 엄마는 생계를 잇느라 허덕였고, 집과 학교에 마음을 두지 못한 소녀는 문제아가 됐다. 그러나 자신의 꿈을 위해 자기와의 싸움에서 진학을 결정한 그녀는 중학과정을 검정고시로 합격하고 여수정보과학고에 진학한 뒤 달라졌다.

그녀는 자기와의 싸움 끝에 연세대학교 영문과에 진학했다. 졸업 후에는 남들이 부러워하는 골드만삭스에 입사했다. 그러나 기쁨도 잠시 청천벽력과도 같은 암 진단을 받았다.

"이렇게 열심히 살아왔는데 왜 하필 나에게 이런 일이 생겼을까 싶어 억울했어요." 그녀는 죽음의 문턱에서 73가지의 버킷리스트를 써 보았다. 해외에서 커리어 쌓기, 고향에 부모님 집 사드리기, 마라톤 완주하기, 타임지 올해의 인물 선정되기, 자선재단 세우기 등등 암 수술을 마친 후 자신이 써 내려간 꿈들을 완성하기 위해 2005년 영국으로 떠났고 수십번의 도전 끝에 지금의 직장을 얻었다. 33번째 꿈인 '오프라 윈프리 쇼'에 출연했던 그녀는 "절망적인 청소년 시절, 모두가 나를 보며

참담한 인생을 살게 될 거라고 생각했지만 나는 내가 젊다는 이유 하나만으로도 나도 괜찮은 미래를 가질 수 있다는 생각을 하였다."고 말했다.

그녀는 "어렵고 힘든 삶을 살아오면서 항상 진로의 기로에서 올바른 결정을 할 수 있었던 것은 나 자신의 꿈과 자신을 믿었기 때문이었다."고 자신 있게 달했다.

출처 : 경향신문 기사

01 어려운 환경에서도 꿈을 향해 성공한 그녀가 청년들의 롤모델이 되었던 것은 왜, 무엇 때문일까요?

02 김수영 씨가 가졌던 자기관리의 성품과 자질에는 무엇이 있었을까요?

chapter

12

창업 그리고 마케팅

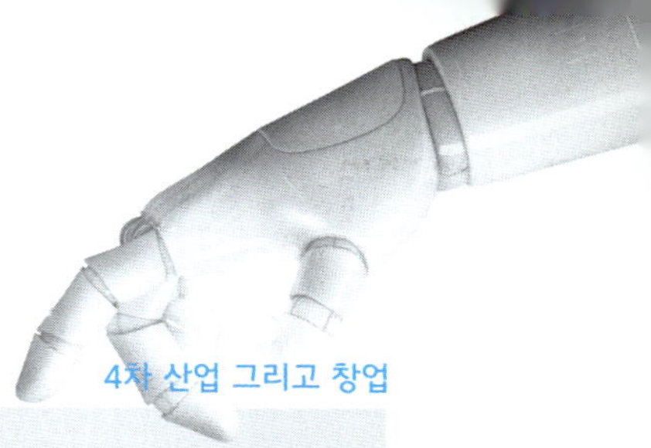

chapter 12 창업 그리고 마케팅

1. 마케팅의 정의

마케팅이란 고객을 다루고 있다는 점에서 다른 어떤 경영기능보다 중요하다. 마케팅은 '수익성을 가진 고객을 관리하는 과정'으로 함축적으로 정의될 수 있으며, 마케팅의 두 가지 목표는 탁월한 가치를 제공하고 신규고객을 유인하는 것과, 만족을 제공하여 기존고객을 키워 나가는 것이다. 결국 마케팅을 정의하면 '고객가치를 창출하고 그 대가로 높은 시장성과를 실현하는 과정'이라고 할 것이다. 다음은 잘 알려진 기업의 마케팅을 정의한 사례이다.

(1) 맥도널드

맥도널드는 전 세계에 걸쳐 그 나라 국민들이 좋아하는 장소이면서 그들의 식사방식과 하나가 됨으로써 광고에서 주장하는 'I am lovin' it'을 실현한다. 그 결과로 동일 업종의 주요 경쟁사 3사를 합친 것보다 더 많은 점유율을 차지하고 있다.

(2) 월마트

월마트는 '돈도 절약하면서 더 나은 삶을 사세요(Save Money, Live Better)'라는 약속을 실행에 옮김으로써 세계에서 가장 큰 소매기업, 나아가 세계에서 가장 큰 기업이 되었다. 항상 저가의 질 좋은 상품을 제공하겠다는 약속을 고객에게 실제로 전달함으로써 세계에서 가장 큰 소매기업이 된 것이다.

(3) 디즈니랜드

디즈니(Disney) 테마파크는 오늘 바로 꿈을 실현해 주겠다는 약속을 실천하여 성공을 이루었다. 성공한 우량 기업들은 고객에게 신경을 쓰면 자연스럽게 높은 점유율과 이익이 따라온다는 것을 안다.

우리는 마케팅에 대해 많은 것을 알고 있고 실제로 우리는 일상생활에서 마케팅에 에워싸여 있다. 근처 쇼핑몰에서 마케팅의 결과물인 많은 제품들을 볼 수 있으며, 인터넷을 가득 채우는 광고물을 보면서 수많은 마케팅을 보고 있고 느끼고 있는 것이다. 그러나 마케팅은 고객들의 시야에 우연적으로 들어오는 것 이상의 의미를 갖는다. 우리의 눈을 사로잡는 것의 이면에는 우리의 구매를 끌어내기 위해 서로 경쟁하는 기업과 사람들의 대규모 네트워크가 존재한다.

2. 마케팅 과정

일반적인 마케팅의 과정은 5단계로 구분하는데, 1~4단계를 통해 기업은 고객을 이해하고, 고객 가치를 창출하고, 그리고 강력한 고객관계를 구축하기 위해 노력한다. 마지막 단계에서는 기업은 탁월한 고객가치를 창출한 대가로 보상(높은 매출과 이익증대, 브랜드 충성도 제고 등)을 받게 된다.

즉, 고객을 위한 가치창출을 통해 기업은 그 대가로 고객들로부터 가치의 일부를 보상받게 되는데, 이는 높은 매출과 이익, 그리고 장기적 고객자산의 형태를 보여준다.

① 시장과 고객욕구의 이해 ▶ ② 고객 지향적 마케팅전략의 실제 ▶ ③ 탁월한 고객 중심 마케팅 실행 ▶

④ 수익성 창출과 충성고객 창출 ▶ ⑤ 이익증대와 고객가치 자산 제고

3. 경영과 마케팅

기업과 고객의 교환과정을 마케팅의 본질이라고 본다면, 이러한 마케팅 노력의 지침이 되는 기업의 경영철학은 기업의 중요한 핵심이 된다. 기업의 경영철학은 마케팅 환경의 변화에 따라 다른 형태를 띠게 되었다. 기업의 경영철학은 크게 생산 개념과 마케팅으로 구분된다.

(1) 생산 개념

1960~1970년대에는 소득 수준이 낮아 고객의 구매력이 낮고 제품원가가 높아 기업에서는 생산 개념을 도입하여 대량생산과 생산성 향상을 통한 원가절감에 경영의 초점을 두었다.

1980년대 이후에는 고객들의 소득 수준이 높아지고 욕구가 다양화됨에 따라 기업간 경쟁이 심화되었다. 이런 환경 변화에 따라 기업들은 마케팅 콘셉트를 도입하여 새로운 경영철학으로 삼게 되었다.

(2) 마케팅

마케팅은 고객의 욕구를 먼저 파악하고 이를 경쟁사보다 효과적으로 만족시킬 수 있도록 기업의 여러 활동을 마케팅 중심으로 통합한다. 이러한 마케팅 콘셉트의 도입이 확대됨에 따라 기업들도 마케팅 활동에 커다란 변화가 일어났다.

① 고객 데이터 관리

고객 욕구에 대한 정보를 획득하기 위하여 고객에 대한 조사와 분석이 활발해지고 있으며 다양화되고 있다. 특히, 요즘은 '빅데이터'라는 말을 쓰기 시작했으며 대학에서도 '빅데이터' 학과를 설치하는 등 고객 욕구 분석에 대한 다양한 시도가 일어나고 있다.

② 고객 차별화 만족

고객의 욕구가 다양화됨에 따라 모든 고객들을 동시에 만족시키는 것이 어렵게 되었다. 이에 따라 시장을 세분화하여 각각의 욕구를 충족하는 다양한 제품들을 개발하게 되었다.

③ 고객 중심 경영

마케팅 콘셉트의 도입에 따라 고객의 취향에 맞는 다양한 매체와 광고대행사가 등장하게 되었고 새로운 유통업태가 출현하게 되었다.

4. 마케팅 전략

마케팅 전략, 즉 노하우의 핵심은 STP이다. STP는 고객을 세분화(Segmentation)하고, 세분화된 고객들 중에서 목표고객을 설정하며(Targeting), 목표고객의 마음에 자리 잡는(Positioning) 것이다. 기억되지 못하는 상품은 선택될 수 없고 선택되지 못하면 사라지기 때문에 선택과 집중을 통해 고객의 마음속에 진입하여야 하는 전략이 STP이다.

(1) 세분화(Segmentation) - 쪼개야 한다

나뭇가지 여럿을 뭉쳐 한꺼번에 부러뜨리기는 힘들지만 하나씩 흩어 놓으면 부러뜨리기가 쉽다. 이처럼 하나씩 흩어 놓는 세분화는 쪼개 놓아야 구멍이 어디에 있는지, 어디를 공략해야 할지 윤곽을 잘 파악할 수 있기 때문이다.

고객을 세분화할 때 기준을 무엇으로 하고 어느 단계까지 세분화할 것인가는 시장 상황과 기업의 전략에 따라 결정할 수 있다.

음료 시장의 세분화

Point	고객층	심리요인	관련 상표
갈증, 흡수력	운동선수	갈증해소, 운동전 · 후	게토레이
건강음료	중 · 장년	보수적, 건강관리	영비천
시원함, 맛	젊은층	자기중심적, 감각적	탄산음료
다이어트	여성층	다이어트, 체중관리	Fatdown
기호음료	커피 마니아	커피 선호, 분위기	카페라테
숙취해소	남성층	스트레스, 건강	컨디션

(2) 타기팅(Targeting) - 한 놈만 때린다

'뭉치면 살고 흩어지면 죽는다'라는 말이 있다. 마케팅에서는 자원을 한 곳으로 집중할 때 효과가 크다. 스타트업 기업의 경우 자원이 한정되어 있기 때문에 상대할 대상들을 나열하여 그 가운데 적당한 놈을 하나 잡아 그 놈만 때리는 것이다.

결국 타기팅이란 표적시장을 결정하는 것을 말한다.

자동차산업의 경우 소형차, 중형차, 대형차, 스포츠카, 승합차 등 각 시장의 세분화가 명확한 산업이며 존슨 앤 존슨의 경우도 초기 유아 계층을 목표 대상으로 선정하여 순하고 부드러움의 속성으로 성공한 케이스이다. 나중에는 청소년과 연약한 피부를 가진 성인층으로까지 목표고객의 범위를 확대함으로써 성공적인 영역 확장을 이루었다.

(3) 포지셔닝(Positioning) - 마음속에 자리를 잡는다

마케팅에서 가장 중요하면서도 어려운 용어 가운데 하나가 포지셔닝이다. 포지션(position)이란 자사와 경쟁사의 상품이 어디에 어느 정도 차이나게 존재하고 있는지를 나타내는 것이다. 포지션은 위치를 나타내는 말이므로 경쟁사와의 위치를 나타내주면 포지셔닝을 하기가 쉽다.

〈가격 관점〉

〈속도 관점〉

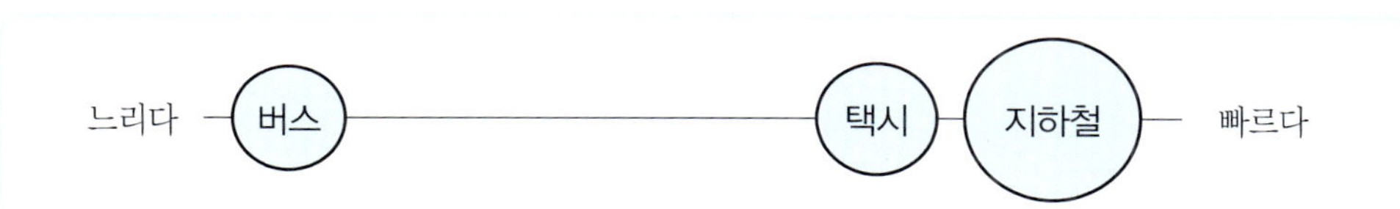

애니콜 사례

삼성전자 애니콜의 전반기 포지셔닝은 '한국 지형에 강하다'였다. 산악 지대가 많은 우리나라에서는 애니콜의 통화품질이 가장 우수하다는 점을 들었던 것이다.

시간이 지남에 따라 휴대폰의 기능이 음악, 동영상 등 즐기는 제품으로 인식되면서 '내 손 안의 더 큰 세상', 그리고 'Digital Exciting'으로 바뀌었고, 향후 포지셔닝은 또 다시 진화하게 될 것이다. 포지셔닝은 상품의 전략적 방향성을 가지고 있다.

5. 마케팅의 새로운 패러다임

최근 마케팅의 새로운 경향은 다양하게 구축된 고객의 정보 등을 활용한 시스템 마케팅이 확산되고 있고, 업태 간의 경계가 사라지고 있으며, 유통경로 혹은 점포(Off-line)에서 판다는 고정관념이 급속도로 무너지고 있는 등 인터넷, 모바일, SNS의 마케팅 기법이 빠르게 전개되고 있다. 스타트업 기업의 경우에는 초기 마케팅 비용이 많지 않으므로 저비용으로 다양하게 전개할 수 있는 모바일, SNS 등을 우선적으로 활용해 보는 것도 좋다.

(1) DB 마케팅

DB 마케팅(Data-base Marketing)은 고객과의 관계를 구축하기 위한 유용한 정보를 구축하여 정보를 활용한 마케팅을 하는 것으로 가장 기본적인 마케팅 방법이다. 미국의 항공회사는 DB마케팅을 잘 활용하여 출발 전에 탑승한 고객에 대한 자료를 파악, 승무원에게 자료를 주면 승무원은 고객이 좋아하는 와인, 음식, 취미까지 고려해 감동을 주는 것이다.

이는 더 많은 판매기회를 창출하고자 하기 때문에 보다 자세한 정보의 입수가 중요하며, 개인정보호법의 적용에 따라 반드시 고객의 동의를 얻는 것이 매우 중요하다.

(2) 인터넷 · 모바일 마케팅

인터넷 마케팅(Internet Marketing)은 인터넷을 통하여 상품을 사고파는 마케팅을 말하며, 모바일 마케팅(Mobile Marketing)은 주로 핸드폰을 통하여 상품을 구매하는 마케팅을 말한다. 인터넷 마케팅은 홈페이지의 디스플레이 광고(배너 광고), 동영상 광고, e-mail, 블로그(Blog) 등 다양한 방법을 활용한다. 이중 e-mail이나 블로그 마케팅은 적은 비용으로 다수에게 동시에, 지속적으로 마케팅을 전개할 수 있는 유용한 방법이다.

2007년부터 본격적으로 도입하기 시작한 블로그 마케팅은 블로그에 정보를 담아 광고를 하는 마케팅 기법이다. 고객들이 입력한 키워드에 의해 검색된 결과로 보여주기 때문에 광고라기보다는 정보라는 인식을 갖게 되는 장점이 있다.

(3) SNS 마케팅

SNS 마케팅(Social Network Service Marketing)은 소셜 미디어를 활용하여 전개하는 마케팅이다. 정보통신기술과 기기가 발달하면서 SNS도 큰 힘을 발휘하고 있다. SNS는 주로 페이스북이나 트위터, 라인 같은 것을 말하는데, 블로그도 넓은 의미의 SNS로 보기도 한다. 2014년 기준 전 세계 SNS 이용자는 18억 명 정도로 추산되는데, 이들은 상품뿐만 아니라 기업과의 관계, 양방향 소통을 통해 더욱 만족감을 보여 주고 있다.

(4) 드러그 스토어(Drug store)

드러그 스토어는 편의점과 약국, 화장품 매장을 하나로 합친 것이다. CJ가 운영하는 드러그 스토어 '올리브영'은 병원 처방전에 따라 전문 의약품을 구입할 수 있을 뿐만 아니라 건강식품도 살 수 있고 일반 잡화도 살 수 있다. 현재 올리브영이 취급하고 있는 품목은 의약품, 건강식품, 의료용구, 화장품, 미용용품, 의료용품 등 다양한 제품을 판매하고 있다. 특히, 화장품과 미용용품이 차지하는 비중은 50% 이상으로 기존 화장품 전문점과 약국을 위협함과 동시에 편의점을 대체하기도 한다.

(5) 빅데이터 마케팅

빅데이터 마케팅(Big Data Marketung)은 많은 양의 정보, 즉 빅데이터 분석을 통해 고객의 소비 패턴과 선호도, 정보 등을 분석하여 구매할 가능성이 높은 고객에게 맞춤형 혜택을 제공하는 것을 말한다. 최근에는 금융, 유통, 의료, 통신 등 무형의 서비스를 제공하는 형태로까지 확대되고 있으며 많은 관심을 가지고 있는 마케팅 기법이다.

6. 마케팅 핵심 고객관리

고객관리의 핵심은 기업의 수익을 극대화하고 지속적인 성장을 촉진하고자 하는 경영활동의 중요한 요소이다. 고객과의 지속적인 관계 유지를 위한 고객과의 관계(로열티) 형성이 중요한데, 이는 경영의 최종 목적이자 지향점이다.

(1) 고객 중심 기업의 가치관

대표자(리더)는 기업에서 움직이는 로고(회사 상표)와 같다. 대표자의 행동 하나하나가 직원들에게 영향을 끼치기 때문이다. 세계 최대의 유통업체인 월마트의 창업자 샘 월튼은 수시로 매장을 돌아다니며 직원들과 담소를 나누는데, 그가 전하는 메시지는 항상 똑같았다. 그는 시장점유율이나 매출 실적, 규칙 등을 들먹이지 않고 이렇게 말했다.

"우리 모두는 고객 가치를 만들어 내기 위하여 이곳에 모여 있습니다. 여러분은 자신이 하는 일에 자랑스러워할 자격이 충분히 있습니다." 월튼은 현장에서 항상 고객을 중요시하는 가치관을 강조하여 조직의 기업문화로 만든 것이다.

(2) 대표의 가치관

대표자 자신부터 고객 중심적 가치관을 확고히 하는 것이 중요하다. 그런 다음 직원들이 가치관을 알 이해하고 있는지를 진단한다. 대표자의 가치관을 중심으로 기업의 가치관을 수립하는 연계성을 갖고 기업을 경영하는 것이 바람직하다.

(3) 반복적 메시지 전달과 교육

고객만족경영은 '기업의 대표자가 중요하게 생각하는 고객 중심의 가치를 직원들도 똑같이 중요하게 생각하도록 하는 경영'이라고 할 수 있다. 그러면 기업의 정체성이 뚜렷해지고 경영목표가 분명해지는 효과를 얻게 된다. 여기엔 여러 경로를 통한 반복적인 교육과 마인드 정립이 필요하다.

(4) 구체적 언어로 소통

대표자는 회사의 비전과 핵심가치를 설정하고 그것을 달성하기 위한 전략을 수립하지만, 현장의 직원들은 이를 실천하기 위해 구체적으로 무엇을 해야 하는지 모른다. 구체적인 언어로 말해야 이해되고 행동으로 옮겨질 가능성이 높아진다. 예를 들면, '사무실에서 불조심하라'보다는 '사무실에서 온열기 사용을 금지하라'가 구체적이다.

(5) 가치관과 연계한 피드백

피드백이란 상사가 직원을 거울처럼 비춰주는 것이다. 잘한 일에는 칭찬을, 즉 '지지적 피드백'을 하고, 잘못한 일에는 '발전적 피드백'을 해줘야 한다. 이때 핵심가치와 연계해서 직원의 행동과 성과를 피드백해주는 것이 좋다.

(6) 직원에 대한 성과 보상

직원들이 기업의 비전과 핵심가치 실천에 동참했을 때 어떤 이익을 기대할 수 있는지를 분명히 제시하는 것이다. 직원들이 불만을 갖는 가장 큰 이유 중 하나는 '내가 고생하고 노력한 만큼 인정을 받지 못한다'는 것이다. 대표자는 직원들이 얻게 되는 이익이 무엇인지도 명확히 알려주어야 한다.

7. 고객관리 노하우

(1) 고객에게 선택의 권리를 제공하라

어느 마을에 라면을 파는 가게가 나란히 붙어 있다. 라면의 맛과 서비스는 비슷했는데, 이상하게 한 가게가 고객이 항상 많았다. 오른쪽 가게는 고객이 들어오면 직원이 "달걀을 넣을까요?"라고 물었고, 왼쪽 가게는 고객이 들어오면 직원이 "달걀을 하나 넣을까요? 두 개 넣을까요?" 라고 물었다. 달걀을 선택하는 순간에도 고객에게 즐거움을 주어야 한다.

(2) 고객에게 즐거움을 제공하라

고객들이 물건을 사는 데는 2가지 심리요소가 있는데, 그것은 '실용적' 요소와 '쾌락적' 요소이다. 우리가 멋진 레스토랑에 가는 이유는 단순히 허기를 채우기 위해서라기보다는 연인과 즐거움을 보내고 레스토랑의 멋진 인테리어를 보기 위해 기꺼이 비싼 가격을 제공하는 것이다. 라면으로 점심을 먹고 그 보다 비싼 스타벅스 커피를 마시는 것이 이런 경우이다.

(3) 고객의 생각을 파악하라

식사를 하고 있는데, 갑자기 파리가 국물에 들어갔다. 고객이 식당 주인에게 항의하자 주인은 "파리가 날아다니다 들어간 거니까 우리 잘못이 아니에요."라고 말한다. 물론 음식에 파리가 들어간 것을 주인의 잘못이 아니지만 고객은 바꾸어 달라는 생각을 가지고 있는 것이다. 그러한 경우에도 새 음식으로 바꾸어주면 고객은 그 식당을 계속 찾는 충성고객이 될 것이다. 여기에 이런 여유를 보이면 더 좋을 것이다. "파리도 너무 맛있어서 들어갔나 봅니다."

(4) 고객의 시간을 뺏어라

엘리베이터를 개발한 '오티스' 기업은 빌딩들이 건축되면서 매출이 급상승했다. 그런데 매출이 늘어남과 동시에 초고층이 생기면서 엘리베이터 속도에 대한 불만이 폭주하기 시작하였다. 고층까지 운행되는 시간에 고객들이 짜증을 내기 시작한 것이다. 그런데 어느 한 초고층 빌딩은 불만이 접수되지 않았다. 그 빌딩엔 건물관리인이 엘리베이터 안에 대형 거울을 붙여 놓은 것이었다. 고객들은 자신의 모습을 바라보며 신경 쓰느라 시간 가는 줄을 몰랐던 것이다.

(5) 고객에게 사랑의 감정을 심어라

정크 푸드의 대명사인 맥도날드가 전 세계의 고객으로부터 꾸준히 선택받는 이유는 무엇일까? 바로 고객의 사랑 때문이다. 맥도날드는 곳곳에 매장을 두어 고객이 쉽게 찾을 수 있게 하고 적극적인 광고를 통해 브랜드에 대한 친근감을 극대화한다. 피키 드러커는 "10초 안에 고객이 우리 제품을 선택해야 하는 이유를 이야기할 수 있어야 한다."고 말했다.

사례

마케팅과 고객의 의사결정

고객들이 상품을 결정하거나 구입하는 의사결정에는 고객의 욕구와 심리에 많은 영향을 미치는 변수들이 복잡하게 얽혀져 있다. 이러한 고객의 욕구를 분석하고 이에 맞는 마케팅이 접목될 때 기업의 생산성은 높아지고 이익은 극대화될 수 있다.

사례 A)

S건설회사의 마케팅부서에 근무하는 김 부장의 아내는 최근 TV 화질이 선명하지 않다는 생각을 하고 있다가 마침 삼성 Curved UHD TV 광고가 나오자 TV를 새로 구입해야겠다는 생각이 들었다.

사례 B)

TV를 사고 돌아오는 길에 7년간 타던 소나타 승용차가 문제를 일으켜 김 부장은 긴급히 차를 A/S센터에 맡기고 집으로 오면서 아무래도 새 차를 구입하여야겠다는 생각을 하였다. 다음날 출근길에 직장동료 박 부장의 그랜저를 함께 타고 가면서 그랜저에 대해 자세히 물어 보았다. 처음부터 현대차를 애용해 온 박 부장은 가격과 품질 면에서 그랜저만한 차가 없다고 그랜저를 권유하였다.

사례 C)

흰 소복을 차려입은 묘령의 여인이 긴 생머리를 풀어헤치고 나무 위에 앉아 있다. 언뜻 무서울 수 있지만 머리에 꽂은 커다란 여우 귀와 특유의 애교로 지나치는 관람객들의 관심을 붙잡는다. 이 여인의 정체는 한국 민속촌의 구미호 알바생이다. 민속촌에 다녀온 남자 관람객이 "구미호에게 홀려 버렸다"라고 후기를 남기며 입소문을 타기 시작했다.

사례 D)

직장인 이모씨(35)는 퇴근 뒤 잠들기 전까지 스마트폰에 빠져 드는 것이 보통이다. 특히, 남편과 함께 침대에 누워서도 2시간 정도 각자 뉴스 검색, 주식시장 점검, 페이스북을 즐긴다. 그러나 바로 옆에 있는 남편에게도 카카오톡을 날린다. 그리고 인터넷 쇼핑앱에 들어가 주말에 필요한 물건을 주문한다.

01 위의 사례별로 고객들의 마음을 뺏은 마케팅 방법과 이유는 무엇일까요?

02 위 사례의 새로운 마케팅 방법은 어떠한 것이 있을까요?

참고문헌

강창완(2016). 빅데이터 분석의 이해 및 활용. 대동대학교 교수학습센터.

국가정보화전략위원회(2011). 빅데이터를 활용한 스마트 정부 구현(안).

금진호 외(2017). 자기개발능력(NCS). 양성원.

금진호(2017). 창업과 경영. 양성원.

금진호(2019). 취업과 창업. 양성원.

김명준(2012). 빅데이터미래전략. ETRI.

김용진(2015). 경영학 사용설명서. 클라우드나인.

김응수 외(2016). 창업과 세무. 도서출판 대경.

김학용(2016). 사물인터넷 개념. 구현기술 그리고 비즈니스.

김현곤(2012). 빅데이터시대 전망과 국가미래전략. 한국정보화진흥원.

김희철(2016). 창업경영론. 도서출판 두남.

노기엽, 장영규(2016). 모의창업.

라젠드라 시소디어(2012). 권영설 옮김. 위대한 기업을 넘어 사랑받는 기업으로. 럭스미디어.

마스다 무네야키(2014). 지적자본론창업과 경영.

박현주(2010). 창업 따라잡기. 매일경제신문사.

부산대학교 창업보육센터 사업계획서(2006). 부산대학교 창업지원단 중소기업창업보육센터.

부산대학교 창업보육센터 입주신청서(2006). 부산대학교 창업지원단 중소기업창업보육센터.

비즈업(2016). 취업보다 창업. 프리이코노미북스.

사토 가츠야키(2016). 내가 미래를 앞서가는 이유(스타트업 1위 천재사업가의 미래통찰).

스티븐 에이커(2015). 빅데이터로 세상을 지배하는 사람들.

심미자(2016). 교수법특강. 대동대학교 교수학습센터.

아담 브라이언트(2012). 윤영삼 옮김. 사장실로 가는 길. 가디언.

안성태(2018). 스타트업 재무특강. 니케북스..

에이미 에드몬드슨(2015). 오지연 옮김. 티밍. 도서출판 정혜.

이선성 외(2014). 세금을 알면 부자가 된다. 세학사.

이코노미 조선 - "사카이 이삿짐 센터" 검색.

장수용(2010). 직무분석 이렇게 한다. SBC 전략기업컨설팅.

장영광(2014). 생활속의 경영학. 신영사.

장영재(2010). 경영학 콘서트. 비즈니스북스.

장정빈(2016). 히든 서비스. 올림.

정용찬(2012a). 빅데이터 혁명과 미디어 정색 이슈. 정보통신정책연구원.

제러미 리프킨(2012). 3차 산업혁명.

제리 카플란(2016). 인간은 필요없다.

조태현(2008). 고객 유혹의 기술. 비전코리아.

직업교육훈련과정 개발을 위한 직무분석 지침서(2003). 한국직업능력개발원 연구자료 03-1.

최정임(2009). 요구분석 실천 가이드. 학지사.

클라우스슈밥(2016). 제4차 산업혁명.

피터 틸(2014). 제로 투 원

하버드 창업가 바이블(2014). 다니엘 아이젠버그.

하버드경영대학원(2010). 경영전략.

한국어위키백과(2018). 위키피디아.

함주한(2008). 마케팅 무작정 따라 하기. 길벗

kbs 명견만리 제작팀(2016). 명견만리. 우리가 준비해야 할 미래의 기회를 말하다.

K-Startup(2018). 창업성공사례. 창업진흥원.

Mckinsey Global Institute(2011년). Big Data: the next frontier for innovation, competition, and productivity. Mckinsey&Company

검색포털 다음 "창업사이트"검색

네이버 블로그 '이긍정'S'

[네이버 지식백과] 사물인터넷 [Internet of Things(IoT)](두산백과)

[네이버 지식백과] 사물인터넷은 만능인가? (사물인터넷의 미래, 2014. 11. 28., 한국전자통신연구원(ETRI), 전자신문사)

네이버 지식백과 "엘론 머스크"검색

gary medium

http://blog.naver.com/jang00800/220584052153

http://blog.naver.com/ntower?Redirect=Log&logNo=220729147919

http://blog.naver.com/sosoifree/220635578779

http://elonmusk.com

http://navercast.naver.com/contents.nhn?rid=122&contents_id=19022

http://news.kbs.co.kr/news/view.do?ncd=3262426&ref=A

http://people.incruit.com/news/newsview.asp?newsno=2649260

http://ppss.kr/archives/62249

http://qna.ac/ab-942-23&article_num=23&SI_F_serial_num=asc&PB_1420702587=2

http://sulia.tistory.com/514

http://terms.naver.com/entry.nhn?docId=2851213&cid=56756&categoryId=56756

http://webkim.blog.me/220523501747

http://www.samsungfundblog.com/archives/32418

http://www.segye.com/content/html/2015/05/29/20150529003538.html?OutUrl=naver

http://www.viva100.com/main/view.php?key=20160406020016141

http://www.wikitree.co.kr/main/news_view.php?id=220918

www.dt.co.kr

찾아보기

(ㄱ)

가상현실 ········· 84, 185
개입사업자 ········· 68
경영 ········· 199
경영계획 수립 ········· 203
경영의 역할 ········· 200
경영이념 ········· 207
경쟁력 ········· 38
경쟁점포를 파악 ········· 44
경험을 활용 ········· 35
계획 수립 ········· 201
고객관리의 핵심 ········· 225
공공 부문의 활용 ········· 157
공급처 ········· 44
국방 로봇 ········· 100
군사 분야 ········· 193
군집 분석 ········· 149
기술성 분석 ········· 19
기업 등 상업적 활용 ········· 155
기업문화 ········· 206
기업의 특징 ········· 199

(ㄴ)

내부 환경 ········· 56
노동윤리의 변경 ········· 126
능동적 빅데이터 ········· 152
닌텐도의 등장 ········· 187

(ㄷ)

대중매체 ········· 41
데이터의 분석 단계 ········· 150
데이터의 수집 단계 ········· 150
데이터의 인식 단계 ········· 149
데이터의 저장 단계 ········· 150
데이터의 처리 단계 ········· 150
데이터의 표현 단계 ········· 150
독립 창업 ········· 45
드러그 스토어 ········· 224
드론 ········· 87
드론의 등장 ········· 105
디즈니랜드 ········· 216

(ㄹ)

로봇 ········· 94
로봇과 컴퓨터 ········· 94
로봇산업 ········· 107
로봇혁명 ········· 79

(ㅁ)

마케팅 ········· 215, 218
마케팅 전략 ········· 220
마케팅의 과정 ········· 217
만물인터넷 ········· 144
맥도널드 ········· 215

(ㅂ)

배움의 문화 ········ 208
법인사업자 ········ 68
법적 여부 ········ 44
병원에서의 사물인터넷 사례 ········ 138
브레인라이팅 ········ 21
비전 ········ 207
빅데이터 ········ 81
빅데이터 마케팅 ········ 224
빅데이터가 필요한 이유 ········ 161
빅데이터의 미래 ········ 161

(ㅅ)

사랑받는 기업들의 기업문화 특성 ········ 208
사명선언 ········ 206
사물인터넷 ········ 80, 129
사업 수행 능력 및 적합성 ········ 59
사업계획서 작성 ········ 64
사업설명회 ········ 41
사업자등록 ········ 51
사업장을 준비 ········ 66
산업용(Industrial) IoT ········ 135
상권 분석 ········ 66
상권 분석 체크포인트 ········ 47
생산 개념 ········ 218
생활 속의 로봇 ········ 102
성실함의 문화 ········ 209
세무업무 ········ 69
세분화 ········ 220
소비자용(Consumer) IoT ········ 134
소셜 네트워크 분석 ········ 148
소속과 일체감의 문화 ········ 209
소프트뱅크의 페퍼 ········ 103
수동적 빅데이터 ········ 151
수익성 분석 ········ 20
수익성과 경제성 ········ 60
스마트홈 ········ 139
스타트업 회사 ········ 199
시상조사방법 ········ 21
시장 경쟁력과 성장성 ········ 60
시장성 분석 ········ 19
시장조사 ········ 62
시장조사방법 ········ 62
신뢰의 문화 ········ 208
실행 ········ 202

(ㅇ)

아마존의 키바 ········ 103
아이템 ········ 19
아이템 선정 ········ 57
안정성 ········ 36
업종 ········ 19
오피니언 마이닝 ········ 148
외부 환경 ········ 56
월마트 ········ 215
의료 분야의 VR/AR ········ 190
이용 빈도를 파악 ········ 43
인공지능 ········ 80, 113
인터넷 · 모바일 마케팅 ········ 223
일본의 White Jack ········ 118
임대차계약 시 유의점 ········ 66
입지 선정 ········ 66
입지 선정 시 체크포인트 ········ 48

(ㅈ)

자가진단 평가 ········ 23
자가진단의 결과 ········ 23
자가진단의 구성 ········ 23
자가진단의 목적 ········ 23
자금 수급 능력과 위험요인 ········ 61
자동차 시장의 지각변동 ········ 121
자율주행 ········ 82
자율주행 개념 ········ 167
자율주행자동차 ········ 122, 166
자율주행자동차의 상용화 ········ 166
잠재고객을 파악 ········ 43
장부에 기록 ········ 52
장비의 센서데이터 ········ 137
재미(FUN)의 문화 ········ 209
전기구동기관 ········ 171
전수 창업 ········ 45
제조업 분야 ········ 191
증강현실 ········ 85, 186
직원 채용 ········ 69

(ㅊ)

창업 ········ 16
창업 아이디어 ········ 21
창업 아이템 ········ 34
창업 자본 ········ 34
창업 준비 절차 ········ 55
창업가 ········ 33
창업박람회 ········ 41
창업의 3요소 ········ 33
창업자의 성공비결 ········ 35

(ㅋ)

커넥티드카 ········ 175
클라우드 컴퓨팅 ········ 83

(ㅌ)

타기팅 ········ 221
타당성 분석 ········ 58
타당성 분석 흐름도 ········ 58
타당성 평가요소 ········ 59
텍스트 마이닝 ········ 148
투명성의 문화 ········ 209

(ㅍ)

평가 및 피드백 ········ 202
포지셔닝 ········ 221
포켓몬을 통한 닌텐도의 부활 ········ 188
표준화 ········ 142
프랜차이즈 창업 ········ 46

(ㅎ)

핵심요소 ········ 208
행동지침 ········ 208
혁신가 ········ 96
화이트 잭 ········ 118
환경 분석 ········ 56

(etc)

11차 산업혁명 ········ 73

2차 산업혁명 ······ 74
3D 프린팅 ······ 86
3차 산업혁명 ······ 75
4대 보험 ······ 51
4차 산업 유망직업 및 기술 ······ 125
4차 산업혁명 ······ 76, 88
AI로 대체되는 직업 ······ 124
DB 마케팅 ······ 223
IBM Watson ······ 117
SMART 법칙 ······ 205
SNS 마케팅 ······ 224

저 / 자 / 소 / 개

금진호

한남대학교 교육학석사
현) 목원대학교 교양학부 겸임교수
　　대전과학기술대학교 세무회계과 겸임교수
　　큐프라임경영컨설팅 창업 · 경영 전문위원
　　TBN 한국교통방송 / 언론 경제칼럼니스트
저서) 창업과 경영실무, 취업과 창업설계, 조직이해능력, 문제해결능력 외

오재균

서강대학교 경영전문대학원(석사, MBA)
중앙대학교 대학원 기계공학과(박사)
현) 여주대학교 자동차공학과 학과장
전) IEE, Magna, ABC Group 등 외국계 자동차 부품회사 한국지사장
　　현대자동차/대우자동차 연구소

이용재

숭실대학교 대학원 공학박사
현) 한국영상대학교 초빙교수
　　숭실대학교 대학원 초빙교수
전) 한국투자밸류자산운용 대표이사
　　현대자산운용 대표이사

창업 지성을 깨워라!

4차 산업 그리고 창업

1판 1쇄 인쇄 ― 2019년 2월 26일
1판 1쇄 발행 ― 2019년 3월 6일

저 자 - 금진호 오재균 이용재
발 행 인 - 강철원
발 행 처 - 양성원
주 소 - 경기도 파주시 검산로 173번길 29-20
전 화 - 031-946-3861(代)
팩 스 - 031-946-3864
이 메 일 - tnwpub@naver.com
출판등록 - 2015년 8월 31일 제 2015-000211 호

ISBN 979-11-6126-166-9

정가 16,000원